# ÉPHÉMÉRIDES

# MILITAIRES,

DEPUIS 1792 JUSQU'EN 1815.

Les formalités prescrites ayant été remplies,
poursuivrai les contrefacteurs suivant toute la r
gueur des lois.

DE L'IMPRIMERIE DE PILLET.

# ÉPHÉMÉRIDES MILITAIRES,

## DEPUIS 1792 JUSQU'EN 1815,

OU

## ANNIVERSAIRES DE LA VALEUR FRANÇAISE;

PAR UNE SOCIÉTÉ DE MILITAIRES ET DE GENS DE LETTRES.

Citer les faits, c'est louer les héros.

THOMAS, *Éloges.*

## MAI.

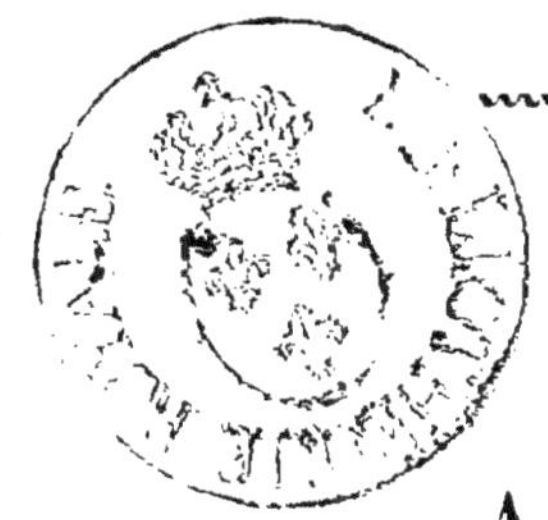

A PARIS,

CHEZ PILLET, IMPRIMEUR-LIBRAIRE,

ÉDITEUR DE LA COLLECTION DES MŒURS FRANÇAISES,

RUE CHRISTINE, N° 5.

1818.

# AVERTISSEMENT.

Quelques personnes ont pensé qu'en par-
lant, dans notre précis des événemens militaires ( éphémérides d'avril ), du désordre
que la rigueur de la saison et les privations
introduisirent dans l'armée française revenant
de Moscou, nous les avons peints plus grands
qu'ils n'étaient avant la Bérésina, et qu'ils ne
furent tels qu'après le passage de cette rivière.
Obligés dans un précis aussi rapide à n'indiquer que les principales masses des événemens, nous n'avons pu suivre la gradation
journalière de ces désordres, que nous ne
pouvions indiquer exactement qu'aux éphémérides de novembre et de décembre. Cependant, voulant prouver combien nous sommes
amans de la vérité, et désireux de l'exacti-
tude la plus scrupuleuse, sans attendre l'é-
poque de la retraite de Russie, nous nous
empressons de convenir de la vérité des ob-
servations qui nous ont été faites, nous réser-
vant de les préciser davantage lorsque nous

rendrons compte spécialement des faits de cette campagne.

Nous prions instamment, soit nos abonnés, sait toute autre personne, qui désireraient faire insérer dans nos éphémérides quelques faits généraux ou particuliers, notes ou renseignemens quelconques sur les actions militaires depuis la révolution jusqu'à nos jours, surtout sur nos dernières guerres, de vouloir bien nous les adresser, le plus tôt qu'elles le pourront, chez Pillet, imprimeur libraire, rue Christine n° 5. Nous nous ferons un devoir de les classer dans les mois auxquels ils appartiendraient.

# ÉPHÉMÉRIDES

## MILITAIRES,

OU

### ANNIVERSAIRES DE LA VALEUR FRANÇAISE.

---

## MOIS DE MAI.

### *Le* 1<sup>er</sup> *mai* 1813. COMBAT DE POSERNA, PRÈS WEISSENSFELDS.

Nous avons vu, aux éphémerides d'avril, les débris de l'armée française échappés à la désastreuse campagne de Russie, forcés de conserver la défensive, prendre position sur l'Elbe et la Saale, sous les ordres du prince Eugène, tandis que Napoléon usait de toutes ses ressources pour organiser une nouvelle armée réparatrice de nos revers.

A cette époque, le mécontentement de la France se tut devant le danger pressant qui la menaçait, et dans l'auteur de tous ses maux elle ne vit plus que celui qui pouvait les réparer.

Saxe.

1

Les dons patriotiques en argent, en chevaux, en effets d'habillement, en hommes même tout armés, tout équipés, se succédèrent rapidement. Le premier ban des gardes nationales de l'empire, organisé dans l'intérieur lors de la campagne de Russie, fut mobilisé et marcha vers l'Allemagne. Une levée de trois cent cinquante mille conscrits fut décrétée et commença à s'exécuter; des troupes furent appelées d'Espagne, et enfin tous les hommes valides qui se trouvaient en France aux dépôts des régimens, allèrent aux avant-postes retrouver les bataillons de guerre.

De pareils efforts étaient nécessaires pour entreprendre une nouvelle campagne avec quelque espoir de succès. La Prusse, après nous avoir abandonnés, s'était unie à la Russie. A son armée permanente elle avait joint cent mille hommes de nouvelles levées que le patriotisme avait fait courir aux armes. La landwehr prussienne de 1813 imita la levée en masse des Français de 1792, et la haine de l'étranger lui redonna son indépendance.

L'armée alliée, quoique victorieuse, n'avait cependant point profité de ses succès aussi avantageusement qu'elle eût pu le faire. Au lieu d'avancer pas à pas en Saxe, comme elle le fit pendant les trois premiers mois de 1813, elle eût dû, profitant de sa supériorité numérique, pousser vivement l'armée française, encore délabrée, peu nombreuse et sans cavalerie. Il lui eût été facile d'arriver ainsi sur le Rhin dès la fin de mars; l'exemple de la Prusse lui prouvait assez qu'elle trouverait de nouveaux alliés dans les autres peuples de l'Allemagne.

Les généraux alliés commirent en cela une faute qui manqua leur devenir funeste. Ils avaient affaire à un ennemi actif et vigilant, qui sut profiter de leur lenteur, de leur hésitation, et qui se mit à même de devenir bientôt l'agresseur, lorsque, par plus d'activité, on eût pu lui en ôter les moyens. Lutzen et les combats qui suivirent cette victoire prouvèrent cette vérité : il fallut qu'à son tour Napoléon fit de plus grandes fautes pour que celle que les alliés avaient commise ne devînt pas irréparable.

Ayant réuni tous ses moyens d'agression, Napoléon partit de Paris vers le milieu d'avril, et arriva à Nauenbourg, sur la Saale, le 28 avril. La gauche de l'armée, aux ordres du prince Eugène, était en arrière de la Saale, occupant Querfurth, et se prolongeant vers

Magdebourg; le centre, commandé par le maréchal Ney, prince de la Moskowa, était à Nauenbourg, et la droite, sous les ordres du duc de Raguse, était placée sur les deux rives de la Saale, entre Nauenbourg et Jéna.

L'armée alliée était en position entre l'Elster et la Mulda, occupant Borna et Leipsick, poussant, par son centre, ses avant-postes jusqu'à Weissenfelds.

La campagne s'ouvrit le 27 avril, comme nous l'avons déjà vu, par le combat près de cette ville, dans lequel le maréchal Ney repoussa l'ennemi. Napoléon, ayant visité attentivement le terrain aux environs de ce dernier champ de bataille, ordonna la continuation du mouvement offensif, et le 1ᵉʳ mai toute l'armée se mit en mouvement.

La plaine en avant de Weissenfelds, sur la route de Leipsick, était couverte de cavalerie ennemie, commandée par le général Wintzingerode, et par une division d'infanterie aux ordres du général Landskoï. Ces troupes défendaient le défilé de Poserna, derrière lequel se trouvaient de nouvelles positions occupées par deux lignes de cavalerie.

A onze heures du matin, le maréchal Ney, commandant l'avant-garde, se porte sur Poserna avec les divisions Souham et Girard, formées en carré. Le général Kellermann, comte de Valmy, soutient ces carrés avec une brigade de cavalerie, et le maréchal Bessières, duc d'Istrie, tient la droite avec la cavalerie de la garde. Vivement attaqué par la division Souham, l'ennemi se retire derrière le défilé où se trouvent ses batteries, et prend position sur les hauteurs. Une grêle de mitraille pleut dans le défilé ; l'intrépide Souham le passe au pas de charge, enlève les hauteurs, et force les alliés à se retirer dans la plaine. La division Girard, et successivement les autres troupes de l'avant-garde, passent le défilé, se mettent en ligne, et l'on recommence le combat sur un nouveau champ de bataille. L'ennemi, qui a reçu du renfort, tient ferme, et une vive canonnade s'engage alors.

Le général Drouot se porte en avant de la ligne avec douze pièces de canon de la garde ; par la vivacité de son feu, il parvient à faire taire celui de l'ennemi, qui, mis en désordre par la mitraille, se retire enfin sur Lutzen et abandonne définitivement le champ de bataille. Ainsi notre infanterie et notre artillerie seules repoussèrent douze cents hommes de cavalerie. Ce combat de Poserna, qui n'était que le prélude d'une bataille mémorable, coûta à l'ennemi près de quatre cents hommes. Notre perte fut moins considérable ; mais, par un de ces hasards si communs à la guerre, le premier boulet tiré atteignit le maréchal Bessières, duc d'Istrie, lui coupa le poignet et le traversa d'outre en outre. Sa mort fut sensible à Napoléon, qu'il n'avait pas quitté depuis dix-huit ans, et à l'armée qu'il illustrait depuis long-tems par sa vaillance.

Né en 1769 à Pressac, département du Lot, le maréchal Bessières commença à se faire connaître à la bataille de Roveredo, en 1796 ; il était alors capitaine, et commandait la compagnie des guides du général en chef de l'armée d'Italie. Les Autrichiens, battus, se retiraient en désordre ; le capitaine Lemarois (1), aide-de-camp du général Bonaparte, suivi de Bessières et de quelques cavaliers, les poursuit, les atteint, perce à travers leur masse, et s'empare de deux canons à la tête même de la colonne ; mais jeté en bas de son cheval et blessé dangereusement, il est forcé de les abandonner. Bessières, avec cinq ou six guides, s'élance pour les reprendre ; son cheval

_______________

(1) Aujourd'hui lieutenant-général.

est tué et sa proie va lui échapper. Animé d'une témérité sans exemple, il court à l'une des pièces qui fuyaient au galop, saute sur l'affût, s'y place à califourchon et s'abandonne au hasard. Les Autrichiens le sabrent, mais ne peuvent lui faire lâcher prise; enfin deux de ses guides, qui ne l'ont pas abandonné, parviennent à tuer les canonniers, et la pièce de canon reste au pouvoir de l'audacieux Bessières. Il fut récompensé de cette action éclatante par le grade de chef d'escadron, et quelque tems après il fut chargé de l'honorable mission d'aller à Paris porter au directoire onze drapeaux pris aux Autrichiens aux batailles de Rivoli et de la Favorite.

Ayant suivi Bonaparte en Europe, Bessières fut nommé chef de brigade, commanda pendant cette expédition les guides à cheval de l'armée, et se distingua à la bataille d'Aboukir. Il revint en France avec le général en chef, lui fut utile au 18 brumaire à la tête des grenadiers de la garde consulaire; il combattit vaillamment à Marengo et au pont de la Bormida. Il fut un des généraux que, peu après, Bonaparte créa maréchaux d'empire. En 1808, le maréchal Bessières commandait en chef, en Espagne, un corps de quinze mille hommes; il apprend que le général Cuesta, à la tête d'une armée de 56 mille Espagnols, marchait pour le combattre. Il se porte aussitôt dans le royaume de Léon, et rencontre Cuesta près de Medina del Rio-Secco. La mêlée fut sanglante ; mais, malgré son infériorité numérique, le duc d'Istrie gagna la bataille et détruisit une partie de l'armée ennemie.

Blessé à la bataille de Wagram, à la tête de la cavalerie de la garde, il fut envoyé quelque tems après en Hollande, pour s'opposer aux progrès des Anglais, débarqués à Walcheren. En 1810 il retourna en Espagne, et ne quitta ce pays que pour faire partie de l'armée qui entrait en Russie. Pendant cette campagne, il commanda la cavalerie de la garde, et la commandait encore lorsqu'il fut tué.

Brave et loyal comme Bayard, le maréchal Bessières en avait aussi tout le désintéressement, et il fit chérir son administration en Espagne, dans les provinces où il commanda.

*Le 1er mai* 1793. COMBAT SOUS VALENCIENNES ET QUIÉVRAIN.

Armée du Nord.

La bataille de Neerwinde avait ouvert la France à l'invasion, et l'ennemi campait sur nos frontières. Dumourier, perdu dans l'es-

prit de la convention , craignant pour sa tête ,
avait fui son armée, dont le général Dampierre
prit alors le commandement. Retranché dans
le camp de Famars avec une armée réduite à
quarante mille hommes, le nouveau général
en chef, ne se sentant pas assez fort pour
tenir la campagne , voulait temporiser et cherchait plutôt à harceler l'ennemi qu'à l'attaquer sérieusement ; mais les fougueux com-
missaires conventionnels qui se trouvaient
près de son armée , dans leur zèle ignorant ,
n'approuvant pas la conduite de Dampierre ,
le forcèrent à attaquer les Autrichiens pour
tâcher de dégager Condé , déjà investi. Le
combat fut d'abord à notre avantage , et nous
poussâmes par nos deux ailes jusqu'à Quiévrain et Valenciennes; mais notre centre ayant
faibli , et le prince de Cobourg , commandant
une armée plus nombreuse , ayant fait déborder nos ailes , nos troupes se retirèrent dans
leur position de Famars.

Le lendemain, 1ᵉʳ mai , malgré l'échec de la
veille , les conventionnels ordonnent encore
l'attaque , et Dampierre obéit , placé entre la
mort sur l'échafaud , et la mort sur le champ
de bataille. Les alliés sont d'abord repoussés ;
mais Dampierre est frappé d'un boulet qui lui

enlève la cuisse. Ce malheureux événement arrête l'ardeur des Français; bientôt la confusion s'introduit dans leurs rangs ; et poussée vivement par toute l'armée ennemie , l'armée française se retire encore une fois dans le camp français, après avoir perdu quatre mille hommes dans ces divers combats.

Dampierre était colonel du troisième régiment de dragons avant la révolution ; mais l'état de paix dont jouissait alors la France l'avait laissé sans emploi. En 1789, Dampierre adopta les idées nouvelles , mais en honnête homme, et en 1791 il fut nommé président du département de l'Aube. Bientôt appelé aux armées par les dangers de la patrie , il contribua aux succès de la bataille de Jemmapes. Après la défection de Dumourier , il rallia l'armée que celui-ci avait désorganisée , et ce fut alors qu'il en reçut le commandement.

### *Le 1er mai 1794.* COMBAT DU CAMP DU BOULOU.

Pyrénées orientales.

Le général Dugommier, qui, comme nous l'avons dit au 30 avril , avait déposté les Espagnols des redoutes de Montesquiou , voulant profiter de ce succès , fit attaquer le 1er mai l'armée ennemie, commandée par le comte de la Union, dans son camp du Boulou. Attaqués de front et sur leurs flancs, et menacés sur leur ligne de retraite, les Espagnols résistent peu ; la terreur s'en empare, ils fuient, et ne se rallient que sous les murs de Figuières, où Dugommier les poursuivit encore. Une grande quantité d'artillerie, ~~vingt~~ mille prisonniers, et la fonderie de canons de Saint-Laurent, que l'ennemi abandonna, furent les fruits de la victoire du Boulou. Les Français combattirent avec l'intrépidité que donne l'assurance de la victoire. Leurs succès de la veille avaient électrisé leur courage, et ils méritèrent, dans cette journée, que la convention décrétât que Dugommier avait bien mérité de la patrie.

Parmi les traits de bravoure qui rendirent célèbre le combat du Boulou, on remarqua celui d'un soldat du 28ᵉ régiment, nommé *Baudrier*. Les Espagnols, en déroute, fuyaient de toutes parts, et passaient sur l'autre rive du Tech, pour se soustraire à la poursuite des Français. Baudrier, qui désespère de les atteindre, prend le plus court chemin ; il se jette dans la rivière, la traverse à la nage ; son fusil lui échappe, et il arrive sans arme sur la rive ennemie. Trois Espagnols fuient devant lui ; il s'élance après eux et joint le dernier.

Malgré sa résistance , il se saisit de sa baïonnette et le poignarde. Armé du fusil du mort , il tire sur le second , et le tue. Le troisième fuyait toujours ; sans se donner le tems de recharger son arme , Baudrier l'atteint et l'assomme à coup de crosse.

*Armée du Rhin.*    *Le 1er mai* 1794. Le général Michaud , commandant l'armée du Rhin , s'empare de Lambsheim et de Frankenthal sur l'ennemi. Les portes de cette dernière ville sont enfoncées à coups de canon.

*Armée d'Helvétie.*    *Le 1er mai* 1798. Combat de Notre-Dame des Hermites. Le général Schawenbourg bat les Autrichiens.

*Pays des Grisons.*    *Le 1er mai.* 1799. Combat de Cernetz. Le général Lecourbe , attaqué dans ses positions par le général Bellegarde , le repousse et fait prisonnier le prince de Ligne.

*Pays des Grisons.*    *Le 1er mai* 1799. Combat de Luciensteig. Le général Chabran , attaqué par le général autrichien Hotze , le repousse , et détruit ou fait prisonnier le régiment d'Orange.

*Suisse.*    *Le 1er mai.* 1800. Prise de Schaffhouse et du fort d'Hohenwiel par l'armée du Rhin , commandée par le général Moreau.

*Le* 1<sup>er</sup> *mai* 1807. Combat sous Neiss. Le général Vandamme bat les Prussiens.

*Le* 1<sup>er</sup> *mai* 1809. Combat de Ried. Le maréchal Oudinot bat les Autrichiens, èt leur fait trois mille prisonniers.

*Le* 1<sup>er</sup> *mai* 1809. Combat de Riedau. L'adjudant - commandant Trinqualye bat les Autrichiens et leur fait cinq cents prisonniers.

~~~~~~~~~

*Le* 2 *mai* 1813. BATAILLE DE LUTZEN.

Napoléon, qui n'avait vu qu'une nombreuse cavalerie ennemie et peu d'infanterie au combat de Poserna, pensa que l'armée alliée n'était pas encore toute réunie, et qu'il pourrait arriver avant elle à Leipzick. En conséquence, le 2 mai au matin, il continua son mouvement sur cette ville.

Le centre de notre armée était commandé par le prince de la Moskowa, au village de Kaïa. La gauche, appuyant à l'Elster, était sous les ordres du prince Eugène, et le duc de Raguse, au défilé de Poserna, tenait la droite. La garde était au centre, en arrière de la ligne, près le village de Lutzen, et le général Bertrand, commandant le quatrième corps, de-
~~~~~~~~~

vait tenir la droite du duc de Raguse , et chercher à prendre l'ennemi par son flanc gauche. Le champ de bataille avait près de deux lieues d'étendue. Dès neuf heures du matin , le général Lauriston , qui tenait l'extrême gauche , s'approcha de Leipsick , et commença l'attaque. L'armée se portait en avant dans le même ordre , lorsque tout-à-coup , à dix heures, on entend une forte canonnade sur les derrières de notre flanc droit. C'était l'armée alliée entière qui débouchait par Pégau et Zeist , lorsque nous la croyions derrière Leipsick , sur notre front. Napoléon , surpris , fait faire halte à l'armée ; il médite quelques instans ; change aussitôt son plan ; fait exécuter un changement de front sur sa droite , et rétrograder sur Lutzen les troupes qui étaient en marche sur Leipzick. En même tems il donne ordre au prince Eugène d'appuyer sur le centre à Kaïa , et se porte de sa personne sur ce dernier endroit. Le général Blucher , qui commandait le centre des alliés , attaquait Kaïa ; la droite , aux ordres du général Yorck , soutenait le centre , et le général Wintzingerode cherchait avec la gauche à tourner notre droite et à s'emparer de la route de Weissenfelds. Wittgenstein commandait en chef : l'empereur Alexandre et le roi de Prusse étaient présens.

Notre position était critique. L'étendue du champ de bataille ne permettait pas à notre gauche d'arriver promptement au secours de notre centre. Le maréchal Ney, attaqué d'abord à l'improviste par des forces triples, avait été forcé d'évacuer Kaïa; l'avait repris ensuite, et l'avait encore quitté; mais l'ennemi s'y maintenait malgré nos efforts pour l'en chasser, déjà même l'avait dépassé, et marchait toujours sur notre centre, qui commençait à faiblir. Tout l'effort des alliés se portait sur ce point. Le prince de la Moskowa, les généraux Souham et Girard étaient toujours dans la mêlée, et faisaient face partout. Blessé de plusieurs balles, le général Girard ne voulut point quitter le champ de bataille, déclarant qu'il voulait y mourir à la tête de ses troupes, *puisque le moment était arrivé, pour tous les Français qui avaient du cœur, de vaincre ou de périr.*

Il était six heures; le général Compans, commandant une division du duc de Raguse, avait repoussé une attaque faite sur notre extrême droite. Le général Bertrand, à son tour, menaçait le flanc gauche des alliés. Le

prince Eugène était enfin entré en ligne , et
le maréchal Macdonald abordait les Prussiens,
formant l'aile droite. Dans ce moment, l'ennemi fait un nouvel effort par son centre. Nos
troupes faiblissent ; assaillies de tous côtés par
une innombrable cavalerie à laquelle nous ne
pouvons opposer la nôtre , trop inférieure en
nombre, elles plient , et le désordre se met
dans leurs rangs. Napoléon voit la bataille
perdue s'il ne repousse cette impétueuse attaque. Il s'élance parmi les troupes déban-
dées ; les rallie , et les ramène lui - même au
combat. Il ordonne au général Drouot de porter quatre-vingts pièces de canon près le village de Starsiedel , et de battre en brèche
dans les masses ennemies qui s'avancent de
Kaïa. Le duc de Trévise , avec la jeune garde ,
se précipite sur ce village , et Napoléon s'a-
vance lui-même à la tête de la vieille garde ,
formée en carré , et soutenant la batterie de
quatre-vingts pièces, qui avance à mesure que
ses coups assurent nos succès. En vain la cavalerie ennemie se précipite-t-elle sur nos
carrés : comme en Egypte, nos carrés sont iné-
branlables. A son tour , l'ennemi ne peut résister à cette vigoureuse attaque ; il est enfoncé sur tout son centre , et abandonne Kaïa.

qui était la clef de sa position. Notre droite fait alors un changement de direction vers notre gauche, refoule la gauche ennemie sur son centre, qui est toujours poursuivi par la terrible batterie et par nos carrés. Dès ce moment les alliés fuient de toutes parts, et la bataille est gagnée. La nuit était arrivée; déjà l'on se préparait au repos, lorsque tout-à-coup, vers les neuf heures, un corps de cavalerie tombe à l'improviste sur notre flanc droit, à deux cents pas du carré où se trouvait Napoléon. Heureusement il fut repoussé promptement, et cette dernière attaque mit fin à une journée aussi sanglante que glorieuse.

C'est ainsi que furent vengées nos dernières défaites en Russie. C'est ainsi qu'une armée de cent vingt mille hommes, pour ainsi dire improvisée, n'ayant que deux mille hommes de cavalerie, vainquit une armée aguerrie, composée de trente-cinq mille cavaliers et de cent trente mille fantassins. Notre perte fut de quinze mille tués ou blessés. Le général Gourré, chef d'état-major du maréchal Ney, fut du nombre de ces derniers. Celle des alliés s'éleva à vingt-cinq mille hommes; le prince de Hesse-Hombourg fut tué et le général Blucher y fut grièvement blessé.

Nous ne fîmes prisonniers que quatre à cinq mille blessés que l'ennemi fut obligé d'abandonner ; le manque de cavalerie nous empêcha de profiter plus fructueusement de la victoire , et l'armée alliée se retira derrière l'Elbe sans essuyer d'autres pertes. Au tems de nos conquêtes, une bataille gagnée détruisait une armée et nous soumettait un empire.

Peu s'en fallut, comme nous venons de le voir , que l'armée française , surprise dans sa marche sur Leipsick, ne fût battue. Son chef avait commis la faute de donner trop d'extension à sa ligne de bataille , et de rendre son aile gauche trop forte aux dépens de son centre , qui , ne pouvant être soutenu promptement en cas d'attaque , devait être enfoncé. Il l'aurait été immanquablement si des généraux et des troupes moins braves que les généraux et les soldats français y eussent combattu. Mais si Napoléon commit une imprudence , il la répara savamment par le mouvement concentrique de ses deux ailes au moment où il fut attaqué , une heure d'hésitation ou de tâtonnement l'eût perdu sans retour; il changea son plan de bataille aussi brusquement qu'il fut attaqué , et la victoire de Lutzen lui fit ressaisir en Allemagne son influence prête à lui échapper.

Le matin de la bataille, Napoléon avait paru fort occupé de se trouver sur le même terrain où Gustave - Adolphe avait péri en remportant une victoire sur les Autrichiens en 1632. Soit qu'il voulût trouver quelques rapports de dates , chose qui lui a toujours plu , ou quelque similitude de positions, il s'informa à plusieurs reprises des moindres détails qui tenaient à cette première bataille de Lutzen. Le hasard, cependant, ne mit aucune ressemblance entre les deux combats. La route de Lutzen à Leipsick était le seul intervalle qui sépara les deux armées en 1632 ; les Autrichiens occupaient la plaine à gauche et les Suédois celle qui est à droite ; tandis qu'en 1813 le champ de bataille s'étendait tout entier sur la droite de la route , du côté de Lutzen , vers Zeist et Pégau.

*Le 2 mai* 1808. INSURRECTION DE MADRID (1).

Depuis la paix de 1795 , une étroite union        Espagne.

(1) Comme le commencement de la guerre d'Espagne date réellement de l'insurrection de Madrid au 2 mai 1808 , nous avons pensé qu'il était nécessaire de jeter ici un coup-d'œil rapide sur les événemens qui précédèrent et amenèrent cette grande catastrophe.

existait entre la France et l'Espagne ; les flottes des deux nations avaient combattu ensemble contre celle des Anglais , et les princes d'Espagne qui régnaient à Parme avaient reçu , en échange de cette principauté , la Toscane, sous le titre de royaume d'Etrurie. Aucun nuage n'était venu troubler l'amitié des deux puissances , lorsque tout-à-coup , au moment le plus inattendu , une proclamation appelle les Espagnols aux armes. Elle était l'ouvrage de don Emmanuel Godoy , prince de la Paix, premier ministre et favori de Charles IV , qui abusa de la faiblesse du monarque en la lui faisant approuver.

Le but de cette proclamation n'était pas déterminé, la France n'était pas nommée ; mais le style en était assez enveloppé pour prêter à toutes les interprétations que les circonstances exigeraient.

Napoléon en eut connaissance sur le champ de bataille de Jéna, au moment où venait de s'écrouler la monarchie prussienne. Il n'eut pas de peine à démêler la vérité, et *jura que l'Espagne le lui paierait.*

Vainement le prince de la Paix, sommé de répondre sur la destination de l'armement de l'Espagne, répondit que la crainte seule d'une

attaque de la part du roi de Maroc l'avait nécessité, Napoléon vit clairement que s'il eût
été vaincu à Jéna, les Pyrénées eussent été
franchies par une armée espagnole. Il résolut
donc de se soustraire pour l'avenir aux crain-
tes d'un semblable événement, et dès-lors
toutes ses pensées, toutes ses actions tendi-
rent à la réussite d'un plan que le machia-
vélisme le plus effronté allait bientôt faire
réussir.

De retour à Fontainebleau, après la paix
de Tilsitt, Napoléon feignit de croire à la
vérité des assertions du prince de la Paix, et
pour mieux tromper le ministre imprudent,
il conclut un traité avec l'Espagne par lequel,
disposant du Portugal, il donnait à la reine
d'Etrurie, en échange de la Toscane, les provinces du nord, sous le titre de royaume de
Lusitanie; les provinces du sud, au prince
de la Paix, sous la dénomination de principauté des Algarves, et gardait le reste de ce
pays pour lui, comme compensation des co-
lonies appartenant à la France, prises par
les Anglais; il reconnaissait de plus le roi
d'Espagne comme empereur des Amériques,
et lui *garantissait* ses possessions au midi des
Pyrénées.

Pour l'exécution du traité, il fallait s'emparer du Portugal. En conséquence, le général Junot, avec vingt-huit mille hommes, traversa tout le nord de l'Espagne, marcha sur ce royaume, et le prince Murat, alors grand-duc de Berg, avec quarante mille hommes, se porta sur Madrid, sous prétexte d'entrer en Portugal par les provinces du centre.

Le prince de la Paix fut pris au piége ; il sentait que Napoléon tout-puissant pouvait exiger de Charles IV le sacrifice de son favori ; il craignait la vengeance de celui que personne n'avait encore offensé en vain ; au moment où il s'attendait au châtiment, il reçoit une souveraineté. Dès cet instant, traître à son roi, à sa patrie, il devient le ministre de Napoléon.

Quelque tems avant la conclusion de ce traité, des troubles s'étaient élevés dans le sein même de la famille royale d'Espagne. L'insolent favori, ne mettant plus de bornes à son ambition, abusant de son ascendant sur la reine, à laquelle le roi ne pouvait rien refuser, conçut le projet de devenir le beau-frère de la reine future d'Espagne, en faisant épouser au prince des Asturies la sœur de sa femme, fille de l'infant don Louis, frère de

Charles III. Le prince des Asturies refusa avec indignation une semblable proposition, et pour échapper aux violences qu'il pouvait recevoir de ses parens, par suite de l'influence du prince de la Paix, il écrivit à Napoléon pour lui demander une de ses nièces, fille de Lucien Bonaparte. La démarche fut connue du prince de la Paix et de la reine, qui la présentèrent au roi comme un acte de révolte de la part de son fils. Le prince des Asturies, ayant fait quelques représentations à son père sur la haine que l'Espagne entière portait au favori, fut arrêté et livré à un tribunal chargé d'informer sur sa conduite. Alors eut lieu le traité de Fontainebleau, et le prince de la Paix s'étant soumis à Napoléon, voulant humilier de sa clémence l'héritier du trône des Espagnes, le fit acquitter de toute accusation.

Cependant Napoléon marchait rapidement vers son but; il voyait avec joie les divisions qui agitaient la cour de Madrid, quoiqu'il ne sût pas encore précisément en quoi elles pouvaient lui devenir utiles. Les yeux constamment tournés sur la souveraineté des Algarves, le prince de la Paix lui était asservi, et lui facilitait aveuglément tous les moyens de faire pénétrer les troupes françaises en Espagne, dans les places fortes et jusque dans Madrid, où le grand-duc de Berg, sous le manteau de l'alliance, entra à la tête d'une partie de son armée.

Déjà les troupes espagnoles avaient quitté leur pays ; un corps était entré en Espagne avec le général Junot ; un autre avait été envoyé en Dannemark, sous le marquis de la Romana ; et un troisième, commandé par le général O'Farill, occupait l'Etrurie.

Tout-à-coup l'aveugle Emmanuel Godoy pénètre les projets de celui qu'il croyait son protecteur, et il voit qu'il faut renoncer aux Algarves, et même à régner plus long-tems sur l'Espagne. Epouvanté du précipice où son impéritie a jeté son pays, son roi et lui-même, il ne voit plus qu'un moyen de salut, c'est de transporter en Amérique la cour et la famille royale, si le péril devient trop pressant. Là, il espère encore régner sous le nom de Charles IV. Malgré le secret des préparatifs, Madrid est bientôt instruit de l'éloignement de son roi. Des cris de fureur s'élèvent de toutes parts contre le prince de la Paix ; le peuple se porte en foule à Aranjuez, où se trouvait la cour, et poursuit de sa rage l'o-

dieux favori. Obligé de se cacher, il est dé-
couvert, et il allait périr, lorsque le prince
des Asturies lui sauva la vie, se vengeant ainsi
d'un audacieux sujet qui l'avait cruellement
outragé. Charles IV, effrayé de l'insurrection
populaire, abdiqua, et le prince des Asturies
fut proclamé roi d'Espagne sous le nom de
Ferdinand VII, aux acclamations du peuple.

Cependant le péril était passé, et la reine,
qui craignait pour les jours du prince de la
Paix, que le nouveau roi avait fait jeter en
prison pour donner satisfaction au peuple,
pressait Charles IV de révoquer son abdica-
tion. Le faible roi protesta deux jours après
avoir abdiqué, et remit entre les mains du
grand-duc de Berg sa protestation pour la
faire valoir et la soutenir par la force. Murat
n'avait aucune instruction sur un événement
aussi inattendu ; il en instruisit Napoléon,
qui, voyant approcher le dénouement de ce
grand drame politique, partit pour Baïonne.
Tout conspirait au succès de ses projets :
Charles IV lui remettait la décision de son
sort ; Ferdinand VII lui demandait de le reconnaître pour roi. Appelé ainsi à juger entre
le père et le fils, il ne pouvait manquer de
décider selon ses seuls intérêts. Ce fut alors

qu'il employa tous les ressorts de la politique
la plus déliée pour engager la famille royale
à venir à son tribunal de Baïonne ; ne refusant ni ne promettant rien, il insinuait seulement qu'il avait besoin de voir par lui-
même, et d'entendre les deux parties plai-
gnantes. Sa décision tenait à une entrevue, et
il faisait sentir qu'il n'était pas éloigné d'entrer lui-même en Espagne pour leur éviter
une partie du voyage. Le roi Charles était tout
disposé à aller trouver son puissant protecteur ; mais Ferdinand craignait avec raison
quelque embûche. Cependant, entouré d'une
armée nombreuse dont le chef, au sein de
Madrid même, paraissait ne reconnaître que
l'ancien roi, ne pouvant par conséquent se
passer d'une reconnaissance de Napoléon, et
n'espérant plus l'obtenir s'il n'allait la demander lui-même, il céda à la nécessité, et quitta
Madrid, croyant trouver à Burgos celui qui
n'avait pas quitté Baïonne. Arrivé dans cette
première ville, nouvelle hésitation pour aller
jusqu'à Vittoria, où il était, disait-on ; on arrive à Vittoria et on ne l'y trouve pas plus
qu'à Burgos ; l'alarme se répand, et l'on s'ap-
prête à rétrograder, lorsque le général Savary
arrive et porte les lettres les plus rassurantes

de Napoléon. Il répondait seulement alors
pour la première fois à la demande que lui
avait fait le prince des Asturies d'une de ses
nièces ; il la lui promettait et lui assurait qu'il
le reconnaîtrait pour roi aussitôt qu'il serait
arrivé à Baïonne. La fatalité entraînait Ferdinand ; il passe la Bidassoa, et de roi d'Espagne il ne fut plus que prisonnier d'un
prince étranger qui allait usurper sa couronne.

A peine arrivé au château de Marac, près
Baïonne, que Napoléon, ne déguisant plus ses
projets, lui proposa le royaume d'Etrurie en
échange de l'Espagne, qu'il lui demandait. Ferdinand sentit alors toute l'étendue du danger
où son imprudence l'avait précipité ; mais il
résista courageusement à toutes les séductions,
même aux menaces, et refusa tout arrangement
qui le priverait de l'Espagne. Cette résistance
inattendue désolait Napoléon, qui, par elle,
se voyait frustré de tout le fruit qu'il attendait
de ses coupables intrigues. Cependant, ne
voulant pas rester en chemin, il fallait cacher
l'odieux d'une telle conduite sous le voile du
succès. Il espéra que Charles IV serait plus
flexible que son fils ; il compta, sur-tout, sur
l'ascendant que le prince de la Paix avait sur
l'esprit de son maître. En conséquence, il fit

inviter l'ancien roi à se rendre à Baïonne ; et par l'autorité du grand-duc de Berg dans Madrid, le favori fut tiré du cachot où il attendait que sa mort vengeât la nation espagnole d'un traître et d'un perfide.

Dès ce moment Ferdinand, qui, depuis son arrivée, avait été traité en roi, ne le fut plus que comme un prince rebelle à un roi allié de Napoléon, qui ne reconnut plus d'autre souverain d'Espagne que Charles IV.

Le prince de la Paix ne trompa point les espérances de celui qui lui avait sauvé la vie en l'arrachant à la juste vengeance des Espagnols. Charles reprit la couronne des mains de son fils, qu'on obligea d'en faire la cession, et ce faible roi la céda ensuite à Napoléon pour le château de Compiègne, qu'il reçut en échange. Le grand œuvre cependant n'était pas encore terminé ; Ferdinand avait bien remis la couronne à son père, mais il conservait ses droits vis-à-vis de tout autre ; il fallut donc employer de nouvelles intrigues, de nouvelles violences pour l'amener à les céder à Napoléon. Celui-ci fut jusqu'à lui dire, devant le roi et la reine : *Prince, il faut opter entre la cession ou la mort.* Les vieux souverains, sourds à la voix du sang, furent encore plus acharnés contre leur fils que Napoléon lui-même, et le malheureux Ferdinand laissa enfin échapper la cession qu'on lui arrachait.

Dès-lors il ne fut plus question du royaume d'Etrurie ; des pensions remplacèrent des couronnes, et le prince des Asturies alla au château de Valançay expier son imprudence et celle de ses conseillers. Ainsi fut consommée la ruine du père et du fils, ainsi l'infâme prince de la Paix précipita l'Espagne dans d'épouvantables malheurs. Triste exemple de la faiblesse des rois et des plus odieuses machinations du despotisme !

Cependant, depuis les événemens d'Aranjuez, l'Espagne était en fermentation. Le départ de la famille royale l'avait encore augmentée ; la présence de l'armée française dans les provinces et la capitale, loin de la calmer, n'avait fait qu'irriter encore ce peuple orgueilleux et indocile. Implacable dans ses vengeances, il avait frémi de rage lorsqu'on lui enleva sa proie dans la personne du prince de la Paix, et l'agitation était telle qu'une étincelle allait déterminer l'explosion.

Excepté les infans don Antonio et don Francisco, tous les princes de la famille royale étaient à Baïonne ; le bruit se répandit dans Madrid qu'ils allaient aussi quitter l'Espagne, et le 2 mai fut fixé pour leur départ. Dès le matin de ce jour, le peuple s'attroupe auprès du palais des princes, et exprime hautement son mécontentement. Un aide-de-camp du grand-duc de Berg paraît ; on croit qu'il vient prendre les infans, et il est insulté. Il appelle des troupes pour se faire respecter ; elles sont repoussées. L'insurrection devient générale, la mitraille balaie les rues, et tout Madrid devient un champ de bataille. Le combat cesse, on désarme le peuple, on parvient à l'apaiser, mais sa vengeance n'est qu'ajournée. Cent quatre habitans périrent dans le combat, cinquante-quatre furent blessés, et trente-cinq, pris les armes à la main, furent fusillés au Prado. C'est ainsi qu'à Madrid s'alluma le terrible incendie qui, pendant six ans, a ravagé toute la péninsule (1).

(1) On ne sait pourquoi le *Moniteur* qui, dans le tems, annonça l'insurrection de Madrid, fit monter à plusieurs milliers d'hommes la perte qu'éprouvèrent les Espagnols. Les relations de MM. Llorente, Azanza, les ouvrages de MM. Escoïquiz et de Pradt, que nous avons consultés pour le précis que nous venons de faire des événemens qui précédèrent la guerre d'Espagne, ne la portent qu'à cent quatre-vingt-treize tués ou blessés.

*Le 2 mai* 1795. PACIFICATION DE SAINT-
FLORENT.

Stoflet, qui était à la tête des royalistes du
Poitou, de l'Anjou et de la Haute-Vendée,
avait refusé de souscrire aux conditions ac-
ceptées par Charette, lors de la pacification
de la Jaunais, le 17 février 1795. Mais, enfin,
battu de tous côtés par les troupes républi-
caines, il fut obligé de traiter avec les com-
missaires de la convention sur le même pied
que Charette l'avait fait, et le 2 mai, à Saint-
Florent sur la Loire, il fit sa soumission à la
république, et promit de ne plus porter les
armes contre elle. Ce traité, ainsi que celui
de Charette, devaient bientôt être rompu,
et la Vendée allait redevenir le théâtre de
toutes les horreurs qu'enfante la guerre civile.

*Le 2 mai* 1809. Combat d'Amarante. Le
maréchal Soult bat le général portugais Sil-
veira.

*1800*

*Le 3 mai.* BATAILLE D'ENGEN ET DE STOCKAK.

Nous avons vu, au 25 avril, le général Moreau effectuant sur trois points le passage du Rhin, afin de seconder, par une diversion en Allemagne, les opérations du premier consul Bonaparte en Italie. Ce dernier, qui ne voulait porter que des coups certains, cherchant à augmenter l'armée qu'il allait commander de toutes les troupes dont il pouvait disposer, avait employé tous les moyens pour obtenir que Moreau envoyât un fort détachement de la sienne à celle d'Italie, sous le commandement du général Lecourbe; mais le général Moreau, plus jaloux de sa gloire que de celle de Bonaparte, et peut-être aussi parce qu'il croyait nuisible aux intérêts de la France d'affaiblir l'armée du Rhin, se refusa constamment à acquiescer aux demandes du premier consul, et ce ne fut que d'après les ordres les plus impératifs du gouvernement qu'il se décida à envoyer quelques bataillons sous les ordres du général Moncey à l'armée d'Italie. C'est de cette époque que date la mésintelligence entre les deux premiers généraux de la république française; c'est cette circonstance qui fit éclore la haine qui rendit Bonaparte injuste envers Moreau, et Moreau ingrat envers sa patrie.

Lors du passage du Rhin, le 25 avril, Moreau avait fait croire au général Kray, qui commandait l'armée autrichienne, par la vigoureuse attaque du général Sainte-Suzanne sur Offenbourg, vis-à-vis Strasbourg, que l'effort de l'armée française allait se porter sur ce point, et Kray s'était empressé d'y appeler la plus grande partie de ses forces ; mais Sainte-Suzanne, par une marche cachée et rapide, repassant sur la rive gauche par Strasbourg, avait été passer plus haut sur la rive droite par le pont de Brissac, où déjà se trouvait le général Gouvion Saint-Cyr ; de sorte que le général Moreau réunit tout-à-coup son armée, forte de quatre-vingt mille hommes, sur un point où l'ennemi ne l'attendait pas. Son intention était de forcer la gauche des Autrichiens, de lui ôter l'appui du lac de Constance, et de le séparer ainsi du corps qu'il avait dans les Grisons.

Le général Kray ayant reconnu son erreur, et sentant tout le danger qui le menaçait, se porta, à marches forcées, sur Engen et Stockak, et il fit une telle diligence, qu'il occupait ces deux positions lorsque les Français s'y présentèrent le 3 mai.

Stockak, défendu par douze mille Autrichiens, commandés par le prince de Vaudremont, et par une nombreuse artillerie, fut attaqué par les divisions Lecourbe, Vandamme et Montrichard, et par la cavalerie du général Lorge. L'ennemi fit d'abord bonne contenance; mais débordé sur son flanc gauche par le général Molitor, de la division Vandamme; attaqué de front par le général Montrichard, menacé d'être tourné par Lecourbe et Lorge, il fuit en désordre sur Stockak. Les Français entrent avec lui pêle-mêle dans cette ville, et le poursuivent jusqu'à une lieue au-delà. Le prince de Vaudremont se retire avec les débris de son corps d'armée sur Moëskirch, laissant au pouvoir des Français des magasins considérables, quelques pièces de canon et quatre mille prisonniers.

Pendant que nous enlevions Stockak, le général Kray occupait, avec quarante-cinq mille homme, Engen et les positions qui l'avoisinent, et se défendait plus vigoureusement que le prince de Vaudremont. Depuis le matin, l'aile gauche et le centre de notre armée combattaient chaudement sans avoir obtenu d'avantage bien marqué sur l'ennemi; il était six heures, et le général Kray ne paraissait pas disposé à céder le terrain. Le général Moreau, fatigué de tant de résistance, rallie un moment ses troupes, parmi lesquelles le découragement et le désordre commençaient à s'introduire ; il les encourage par sa présence et par ses discours, se met à leur tête, ordonne une attaque générale, et marche sur les retranchemens ennemis ; le choc fut terrible. Les Autrichiens se défendirent courageusement ; mais enfin les Français les culbutèrent, et à dix heures du soir Engen et toutes ses positions étaient en notre pouvoir. Trois mille prisonniers, sept pièces de canon et trois drapeaux furent les fruits de cette seconde victoire.

*Le 3 mai* 1809. Combat d'ebersberg.

Après les batailles d'Eckmühl et de Ratisbonne, l'armée française avait passé l'Inn, et, se dirigeant sur Vienne, était déjà au cœur de l'Autriche. Un corps autrichien de trente-cinq mille hommes, commandé par l'archiduc Louis et le général Hiller, menacé d'être tourné dans sa position en avant de la Traun par le duc de Montebello, qui avait passé à Wels, se retira en toute hâte sur la rive droite de cette rivière et prit position au château et sur les hauteurs d'Ebersberg, qui dominent la ville de ce nom et le cours de la Traun. Mais son arrière-garde, atteinte par sept cents hommes, formant l'avant-garde du général Claparède, fut culbutée sur le pont même, qu'elle n'eut pas le tems de détruire : canons, voitures, hommes, chevaux, tout fut précipité dans la rivière par l'intrépide avant - garde, qui pénétre dans Ebersberg et fait prisonniers quatre mille Autrichiens qui la défendaient. La division Claparède passe tout entière, et se porte à l'attaque du château.

Les trente mille Autrichiens qui garnissent les hauteurs sont instruits que les ducs d'Istrie, de Rivoli et le général Oudinot vont arriver sur Ebersberg ; ils sont perdus si ces nouvelles troupes passent le pont : pour les en empêcher, ils mettent le feu à la ville, qui, bâtie en bois, est bientôt la proie des flammes ; l'incendie gagne les approches du pont, déjà même il l'embrase, et, pour prévenir son entière destruction, les troupes qui arrivent par la rive gauche sont obligées d'en couper les premières travées.

Resté avec sept mille hommes et quatre pièces de canons sur la rive droite, l'intrépide général Claparède (1) résiste avec succès aux attaques

______

(1) Aujourd'hui lieutenant-général, inspecteur de la 1<sup>re</sup> division militaire.

réitérées de trente mille Autrichiens : trois fois il les repousse à la baïonnette et se maintient inébranlable, jusqu'à ce qu'enfin le pont, rétabli, permette aux troupes de la rive gauche de venir à son secours. Le général Legrand, avec les 25ᵉ légère et 18ᵉ de ligne, passe le premier, et se porte aussitôt sur le château, que défendaient huit cents Autrichiens. L'incendie le devance, il atteint le château, et ces huit cents hommes périssent dans les flammes. Pendant que le général Legrand dégageait le général Claparède, Napoléon arrivait par la rive droite, avec la cavalerie, que précédait le général Durosnel, à la tête de mille chevaux. L'ennemi, menacé d'une entière destruction s'il reste plus long-tems dans sa position, se retire en toute hâte sur Enns, dont il brûle le pont, ayant perdu à Ebersberg douze mille hommes, dont sept mille cinq cents prisonniers.

La courageuse défense du général Claparède est un des plus brillans faits d'armes de nos annales militaires ; elle soutint noblement la réputation que ce général s'était déjà acquise, et qu'il a conservé jusqu'à ce jour.

*Le 3 mai* 1809. Pendant qu'on se battait à          Bohême.

Ebersberg, le prince de Ponte-Corvo chassait les Autrichiens d'Egra, et désarmait la land-wehr de cette ville.

*Le 3 mai* 1799. Combat de Dissentis. Pendant que le général Lecourbe repoussait, à Luciensteig, les attaques du général Hotze, dix mille paysans suisses et grisons prirent les armes et se révoltèrent contre les Français. Le général Menard en atteignit six mille à Dissentis, en tua deux mille, et mit le reste en fuite.

*Le 3 mai* 1811. Combat de Fuentès de Onoro. Le maréchal Massena fait attaquer les Anglais à Fuentès de Onoro et s'empare d'une partie du village. Ce combat n'était que le prélude de la bataille qui devait s'y donner le surlendemain.

*Le 3 mai* 1811. Combat sous Figuières. Le marquis de Campo-Verde veut, avec un convoi considérable, ravitailler Figuières, qu'assiégeaient les Français ; mais il est battu et obligé de fuir, après avoir perdu une partie de ses troupes et tout son convoi.

*Le 4 mai* 1813. Déblocus de Wittemberg.

La victoire de Lutzen, en rejetant l'armée Saxe. alliée sur la rive droite de l'Elbe, nous mettait à même de ravitailler nos places sur ce fleuve, que les alliés assiégeaient ou bloquaient depuis le mois d'avril.

Wittemberg, l'une d'elles, défendue par quinze cents hommes sous les ordres du général de division Lapoype, avait été attaquée et bloquée le 5 avril par un corps de douze mille Russes et Prussiens, commandés par le général Wittgenstein. Une des premières opérations de l'armée avait été de détourner les eaux qui par différens aqueducs alimentaient le fossé de la place, de sorte qu'elle devenait, par ce moyen, abordable sur tous les points.

Le général Lapoype, dans cette circonstance difficile, fit faire une sortie le 17 avril à trois heures du matin, pour détruire le batardeau que l'ennemi avait fait à une demilieue de nos avant-postes. Par un singulier hasard, le général russe venait d'ordonner une attaque générale afin de repousser nos avantpostes jusque dans la place, de sorte qu'à peine les huit cents hommes chargés de la destruction du batardeau étaient arrivés sur

ce point et en venaient aux mains avec un bataillon prussien, qu'ils entendirent une vive
fusillade derrière eux. C'était l'ennemi, qui,
à la faveur de la nuit, était arrivé jusque sur
le bord des fossés de la place. Il fallait revenir
et se faire jour à la baïonnette dans les dernières maisons du faubourg, déjà occupées
par l'ennemi. Tout ce qui s'opposa à notre
passage fut culbuté, et au point du jour nous
étions rentrés sur nos glacis avec perte seulement d'une soixantaine d'hommes. Le chef de
bataillon Chanrion, qui commandait la sortie
sous les ordres du général Bardet, montra la
plus grande habileté jointe à la plus grande
audace. Au jour, l'ennemi déploya toutes ses
forces, et son artillerie tira sur la ville une
partie de la journée ; nos batteries répondaient
victorieusement au feu des alliés. Nos troupes
se portèrent alors en avant, les chassèrent à
une grande distance, et se maintinrent dans
les positions qu'elles venaient d'enlever. Dans
cette journée, l'ennemi, de son propre aveu,
perdit dix-sept officiers et cinq cent cinquante
soldats ; notre perte fut peu considérable.

Le 18 au matin, l'ennemi fit sommer la ville
de se rendre ; le général Lapoype répondit
qu'il n'écouterait aucune proposition ; le feu

recommença et le général Wittgenstein fit attaquer la tête de pont sur la rive gauche, mais sans succès. Le général polonais Bronikowski, qui la défendait, y fut blessé dangereusement. Le 20, au milieu de la nuit, l'ennemi chercha à incendier le pont en lançant au cours de l'eau cinq brûlots chargés de matières combustibles. Aussitôt les officiers du génie s'y portent; les sapeurs, bravant la mort, s'élancent sur les brûlots, jettent à l'eau les obus et les boulets incendiaires, qui éclataient incessamment, et parviennent à fixer au rivage les redoutables embarcations.

Plusieurs attaques eurent encore lieu; mais elles furent toujours repoussées par nos troupes avec autant de bonheur que de courage. Enfin l'ennemi, ayant appris la bataille de Lutzen, commença à se retirer le 4 mai; la cavalerie polonaise, qui, pendant le blocus, s'était vaillamment comportée, le poursuivit jusqu'à Wartenbourg; et enfin le 7 le général Regnier arriva sur les bords de l'Elbe.

En 1806, après la bataille de Jéna, le jour où nous nous présentâmes devant Wittemberg nous en prîmes possession.

*Le 4 mai* 1793. Combat de Marcueil, à l'avantage des républicains. Vendée.

**Pyrénées orientales.**

*Le 4 mai* 1794. Occupation des hauteurs du cap Béarn et du Puy de las Daine, devant Collioure. L'armée de Dugommier repousse les Espagnols.

**Egypte.**

*Le 4 mai* 1799. Canonnade de Suez. Deux vaisseaux anglais s'approchent de Suez, occupé par nos troupes, et le canonnent ; mais nos batteries les forcent à s'éloigner.

*Le 5 mai* 1811. BATAILLE DE FUENTÈS DE ONORO.

**Portugal.**

Le maréchal Massena, prince d'Esling, après sa retraite de Portugal au commencement de 1811, avait fait prendre des cantonnemens à son armée, fatiguée d'une pénible campagne, sur l'Agueda, dans les environs de Ciudad-Rodrigo. Il profita de l'inaction des Anglais, qui étaient rentrés en Portugal afin d'y subsister plus facilement, pour augmenter son armée et réunir un convoi de vivres qu'il destinait au ravitaillement d'Almeida, que les Anglais bloquaient depuis la fin du mois de mars. Ayant porté son armée à trente-cinq mille hommes d'infanterie et cinq mille chevaux, il passa l'Agueda le 2 mai à Ciudad-Rodrigo, et se porta en plusieurs colonnes sur les Anglais, dans la direction d'Almeida, se faisant suivre par le convoi.

Lord Wellington arrivait de devant Badajoz ; il fit replier successivement son armée, forte de quarante-cinq mille Anglais et d'un grand nombre de milices espagnoles et portugaises, et la mit en position, en arrière d'un ruisseau, sur un coteau escarpé, son centre à Fuentès de Onoro, sa gauche appuyée aux ruines du fort de la Conception, et sa droite à Nava de Avel, couverte par sa cavalerie.

Cette position, quoique forte par elle-même, était cependant vicieuse, car l'armée anglaise, placée ainsi, se trouvait avoir à dos le Coa, torrent rapide et difficile, et la place d'Almeida, qui lui serait devenu dangereuse, si une défaite l'eût forcée à la retraite. La prudence connue de lord Wellington était ici en défaut ; mais comme il arrive souvent, l'événement légitima son imprudence.

Le maréchal Massena s'aperçut bien vite de la fausse position de son ennemi, et pour ne pas lui donner le tems de la changer, il le fit attaquer de front et par son centre le 3 au matin. Le général Ferret enleva d'abord avec sa division Fuentès de Onoro ; mais l'ennemi, sentant l'importance de ce village , y fit porter une telle masse de troupes, que nous fûmes forcés de l'abandonner. Le général Marchand arrive, et, soutenu par le général Ferret, rentre dans le village ; mais on ne peut en occuper que la partie basse. La partie haute , adossée à des rochers escarpés où se trouvaient embusqués de nombreux défenseurs , resta au pouvoir des Anglais.

Le 4, l'ennemi fit de nouvelles tentatives pour nous débusquer de la partie de Fuentès que nous occupions ; mais ne pouvant y parvenir, il se retrancha plus fortement sur les hauteurs qui dominaient le village , et y plaça de nouvelles troupes et de nombreuses batteries. Voyant alors que le centre de la ligne ennemie était presque impénétrable, Massena, dans la journée du 4 , fit tâter le terrain vers la droite des Anglais , et découvrit un passage d'un accès facile entre Poso-Bello et Nava de Avel. Ce point fut désigné pour l'attaque du lendemain.

Le 5 , à la pointe du jour , le général Mont-brun , à la tête de notre cavalerie , attaqua vigoureusement celle des Anglais, qui couvrait leur extrême droite. Les compagnies d'élite des 3e, 6e, 10e, 15e et 25e de dragons, qui avaient été réunies, ébranlèrent l'ennemi par des charges heureuses et réitérées, et le mirent dans le plus grand désordre. Dans cette action brillante, le capitaine de Vésouty, commandant la compagnie du 10e de dragons, se distingua par une rare intrépidité. Blessé au commencement du combat d'une balle qui lui avait cassé la cuisse, il ne voulut quitter le champ de bataille qu'après avoir reçu et exécuté plusieurs charges. Cédant enfin au choc, la cavalerie anglaise est obligée de faire volte-face, et se retire. Poso-Bello est enlevé à la baïonnette, et sur toute sa droite l'ennemi fuit.

Pendant que ceci se passait à notre gauche, le général Drouet attaquait Fuentès de Onoro, et le général Régnier la gauche de l'ennemi. Wellington, qui voit sa droite enfoncée, sent le danger qui le menace ; il n'a point de réserve ; toute sa ligne, attaquée à-la-fois, ne lui permet pas de retirer quelques troupes pour porter au secours de son aile culbutée. Déjà il songe à la retraite que va nécessiter celle de sa droite, qui déjà dépasse Castelbon, en se dirigeant sur Almeida. Il est 11 heures, et tout annonce aux Français une victoire complète ; mais notre atta-

que de gauche se ralentit. L'aile droite ennemie, qui n'est plus si vivement poursuivie,
s'arrête. Le maréchal Massena semble ne plus
attacher d'importance à l'attaque sur Castelbon. Au lieu d'achever la défaite de l'ennemi
sur ce point, il fait obliquer l'armée française
à droite, et ne songe plus qu'à percer le centre ennemi dans Fuentès de Onoro. Wellington respire enfin, et bientôt remis d'une
alarme aussi chaude, rassuré sur sa droite,
il fait vigoureusement soutenir son centre.
C'est en vain que toute l'infanterie de notre
gauche, réunie à celle du centre, combat audacieusement à travers les rochers, et sous
une grêle de mitraille. Les Anglais, qui ont
aussi porté sur ce point toutes les forces de
leur droite, résistent à toutes nos attaques,
et enfin vers les deux heures les deux partis,
fatigués, cessent mutuellement le feu.

Les deux armées restèrent en présence
chacune dans leur même position qu'avant la
bataille. Les Anglais profitèrent du répit que
nous leur donnions pour se retrancher plus
fortement encore sur leur centre : ils firent
aussi fortifier leur droite sur Castelbon, afin
de soutenir une nouvelle attaque ; car ils sup-
posaient que nous persistions à vouloir secou-

rir Almeida ; mais le maréchal Massena, dont l'armée avait éprouvée de grandes pertes , avait renoncé à ce projet. Il trouva le moyen de faire parvenir des ordres au gouverneur d'Almeida , resta devant les lignes anglaises jusqu'au 10 mai, et se retira ensuite sur Ciudad-Rodrigo.

### *Le 5 mai.* BATAILLE DE MOESKIRCH.

Après la bataille d'Engen , le général Kray s'était retiré sur Moëskirch, où se trouvaient de nombreux magasins et l'arrière-garde de l'archiduc Ferdinand. Le général Moreau s'y porte le 5 mai, attaque les Autrichiens, qui s'y défendent vigoureusement jusqu'à la nuit ; mais , tournés par le général Molitor , ils sont obligés de se retirer , abandonnant tous leurs magasins , et mille cinq cents prisonniers que leur fit le général Saint-Cyr.

*Armée du Rhin.*

*Le 5 mai* 1793. Les généraux vendéens Bonchamps, Lescure et Laroche-Jaquelein , s'emparent de Thouars , département des Deux-Sèvres, et font prisonniers le général Quétineau et sa division.

*Vendée.*

*Le 5 mai* 1799. Après la bataille de Cas-

*Italie.*

sans, et la retraite de Moreau sur Turin, les Austro-Russes entrent dans Milan, et mettent le siége devant le château, que défendaient les Français.

Saxe.

*Le 5 mai* 1813. Combat d'Etzdorff. Après la bataille de Lutzen, l'arrière-garde prussienne est atteinte et battue dans sa position d'Etzdorff.

*Le 6 mai* 1810. PRISE D'ASTORGA.

Espagne.

Le maréchal Massena venait de prendre le commandement en chef de l'armée de Portugal : il jugea qu'avant d'entrer dans ce royaume il devait s'assurer sur les frontières de quelques places d'armes. Il ordonna en conséquence les siéges de Ciudad-Rodrigo et d'Astorga, défendus par les Espagnols. Le général Junot fit investir cette dernière ville dans les premiers jours d'avril, et ouvrit aussitôt la première parallèle. La place était régulièrement fortifiée, garnie d'une nombreuse artillerie, et défendue par une garnison de cinq à six mille hommes. On ouvrit la tranchée, et, malgré le peu d'artillerie de siége que nous avions, on parvint à ouvrir une brèche : mais si étroite qu'elle était presque impraticable. La garnison s'était défendue jusque là avec une grande opiniâtreté, et ne paraissait pas disposée à entrer en accommodement. Cependant, le 5 mai, le général Junot, avant de tenter l'escalade, offrit une capitulation au gouverneur; mais celui-ci fit des propositions si hautaines, qu'il fallut se résoudre à l'assaut, et il fut ordonné pour quatre heures après midi. Au signal donné, un bataillon de grenadiers, formé pour cette expédition, et commandé par un aide-de-camp du général Junot, se porte au pas de course au pied du rempart, où il arrive après avoir perdu beaucoup de monde, tué ou blessé par le feu de la place, qui le prend de front et en flanc. Aucune échelle n'était préparée; la brèche était si roide qu'on ne pouvait y grimper qu'en se hissant les uns sur les autres. Après beaucoup d'efforts, on parvient sur le rempart; il avait si peu d'étendue qu'on ne put s'y loger; il s'élargissait à quelques pas, mais un mur de dix pieds de haut empêchait, d'un côté, sa communication avec la ville, et de l'autre trois estacades, établies de distance en distance, servaient de retraite aux Espagnols, qui de là faisaient, sans péril, un feu meurtrier sur nos troupes. Il fallait un courage aussi infatigable que celui de nos soldats pour ne pas désespérer du succès dans une position aussi critique. Les assaillans aperçoivent les décombres d'une maison, et s'y précipitent pour y trouver une issue ; mais elle a été aussi fermée par un mur, et ils restent plusieurs heures exposés à un épouvantable feu de mitraille et de mousqueterie.

Cependant il fallait abandonner le rempart, ou s'y loger définitivement à couvert du feu de l'ennemi. On manquait de sacs de terre, de gabions et de matériaux propres à faire un abri. Quelques braves grenadiers, pleins d'un admirable dévouement, prirent spontanément leurs sacs remplis de leurs effets, et en firent la base d'un petit retranchement, qui, en moins d'une demi-heure, fut assez élevé pour que nos gens pussent riposter à l'ennemi avec moins de désavantage.

Enfin, la nuit arriva, et les coups des assiégés devenant plus incertains, le danger fut aussi moins grand pour les assaillans. Les communications de la tranchée à la brèche devinrent plus faciles : un plus grand nombre de troupes se porta aux remparts. Pendant toute la nuit, on travailla à préparer une issue pour pénétrer dans la ville à la pointe du jour, et l'on y réussit. Le gouverneur, effrayé dès progrès des assiégeans, fit cesser au jour le feu qui n'avait pas discontinué, et demanda à capituler. Le général Junot exigea que la place se rendît à discrétion, et nos troupes en prirent possession le 6 mai, à dix heures du matin. Telle fut la fin de ce siége, après quinze jours de tranchée ouverte : il fut une nouvelle preuve qu'il n'est point d'obstacles que ne surmontent la valeur et l'intelligence des soldats Français.

*Le 6 mai* 1794. Après le combat du camp du Boulou, le général Augereau, qui commandait sous Dugommier, s'empare du bourg de Saint-Laurent, où étaient une fonderie et de grands magasins d'habillement.

Armée des Pyrénées orientales.

~~~~~~~~

### *Le 7 mai* 1796. PASSAGE DU PÔ.

Maître de Coni, Céva, Tortone et Alexandrie, tranquille sur le roi de Sardaigne, dont les plénipotentiaires traitaient de la paix à Paris, Bonaparte songeait à poursuivre ses succès en Italie. Depuis le combat de Dégo, le général autrichien Beaulieu n'avait plus osé tenir la campagne, et soit timidité, soit impéritie, abandonnant ses alliés les Piémon-

<div style="text-align:right">Italie.</div>
~~~~~~~~

tais , il s'était retiré sur la rive gauche du Pô.
Le passage du plus grand fleuve de l'Italie
était presque impraticable de vive force devant une armée nombreuse , et qui s'était re-
crutée des secours envoyés par Rome , Naples et les princes italiens ; il fallait donc tromper l'armée ennemie, et l'exécuter sur un
point qu'elle ne pût prévoir. La vieille expérience de Beaulieu fut encore ici mise en défaut par l'adresse de son jeune rival : il crut à
toutes les démonstrations publiques qui furent
faites pour le passage à Valenza , lorsqu'elles
lui devaient être un indice certain que ce
n'était pas là où le général français comptait l'effectuer. Il se persuada donc que son
ennemi ne voulait marcher sur Milan que
par Valenza ; il se fortifia entre le Tessin et la
Sesia , sur la Cogna et le Tredoppio ; garnit
de redoutes les environs de Pavie , oubliant
que les Français , maîtres de Tortone , pouvaient choisir leur passage entre l'Adda et le
Tessin , et dans son orgueilleuse présomption ,
il préparait à Bonaparte le sort de François I<sup>er</sup>.

Après quelques mouvemens militaires , exécutés vis-à-vis Valenza pour mieux abuser
Beaulieu , Bonaparte se porta le 6 mai , par
une marche forcée, à Castel San-Giovanni avec
cinq mille grenadiers et mille cinq cents che-

vaux. A onze heures du soir, le chef de bataillon Andréossi (1) et l'adjudant-général Frontin parcoururent, avec cent hommes de cavalerie, la rive droite du Pô jusqu'à Plaisance, et arrêtèrent cinq bateaux chargés de riz, d'officiers, de cinq cents malades, et de toute la pharmacie de l'armée autrichienne.

Le lendemain 7, à neuf heures du matin, Bonaparte, avec ses cinq mille grenadiers et ses quinze cents chevaux, arrive vis-à-vis Plaisance ; il n'y avait sur la rive opposée que deux escadrons de hussards, qui firent mine de vouloir disputer le passage. Le chef de brigade Lannes, qui devait parcourir et terminer avec tant de gloire une des belles carrières militaires, se précipite, avec quelques centaines de grenadiers, dans les bateaux arrêtés la veille, passe à la rive gauche, saute le premier à terre, et met en fuite la cavalerie ennemie. Les intentions du général français étant démasquées par ce mouvement, le reste de l'armée précipita sa marche, passa le Pô dans la journée sans le moindre obstacle, et se trouva tout entière sur la rive gauche lorsque Beaulieu en eut la première nouvelle.

*Le 7 mai* 1800. Opérant sa retraite sur le     Piémont

(1) Aujourd'hui lieutenant-général.

Var avec seulement cinq mille hommes, le
général Suchet est attaqué par le général Elsnitz, à la tête de dix-huit mille Autrichiens.
Repoussés des positions de San-Bartholomeo
et de Censio, les Français se maintiennent à
Saint-Maurice, malgré la supériorité numérique de leurs ennemis.

vvvvvvvvvvv

### *Le 8 mai* 1796. COMBAT DE FOMBIO.

Italie.      Le général Beaulieu, honteux de se trouver
toujours surpris par un ennemi qu'il ne pouvait jamais surprendre, quitta enfin ses inutiles retranchemens, et se porta au-devant de
l'armée française pour s'opposer à sa marche
sur Milan par la route de Lodi. Le général
Lyptay, commandant son avant-garde, forte de
cinq mille hommes et de vingt pièces de canon, arriva dans la nuit du 7 au 8 au village
de Fombio, et s'y retrancha aussitôt. Le 8,
notre avant-garde, que guidaient le général
d'Allemagne, l'adjudant-général Lanusse, et
le chef de brigade Lasnes, arrivée près de
Fombio, reconnut l'ennemi. Bonaparte, qui
voulait prévenir l'arrivée de Beaulieu, fit attaquer aussitôt les Autrichiens dans leurs retranchemens. Le général d'Allemagne atta-

que à droite, Lanusse au centre sur la chaus-
sée, et Lasnes cherche à tourner par la gauche. Le général Lyptay résiste vigoureusement ;
mais après deux heures de combat, pris en
flanc par le chef de brigade Lasnes, il est
obligé de faire sa retraite ; et, poursuivi jusqu'à Pizzighitone, il passe l'Adda, se croyant
encore à peine en sûreté. Il perdit une partie de son artillerie, trois cents chevaux et
cinq cents hommes.

Après la fuite des Autrichiens, le général
Laharpe prit position à Codagno, en avant de
Fombio, observant les routes de Milan et de
Pizzighitone. Ce général, un des meilleurs
de l'armée d'Italie, mais dont l'imprudence
égalait la bravoure, devait encore ici être surpris comme au combat de Dégo. Un corps de
cinq mille hommes, qui venait au secours du
général Lyptay, tombe au milieu de la nuit sur
les avant-postes à gauche de Codagno ; ceux-
ci sont repoussés ; le général Laharpe rallie
ses troupes, et s'élance sur les Autrichiens ;
mais, frappé d'une balle, il tombe mort, et
les Français, en désordre, commencent à se
retirer.

Le général Berthier (1) accourt à Coda-

____________________

(1) Depuis prince de Neuchâtel et de Wagram, commandant la 5ᵉ compagnie des gardes-du-corps en 1815, et mort

gno, les ramène au combat, culbute l'ennemi; et audacieusement secondé par la 70e demi-brigade, que commandait le général Menard, le poursuit jusqu'à Casal, s'empare de cette ville, d'une grande quantité de bagages, et le force à se retirer sur Lodi.

Le général Laharpe était né à Roll en Suisse en 1754. Commandant une compagnie des troupes de Berne, il entra d'abord au service de Hollande, et fit la campagne de Bohême en 1778 en qualité d'aide-de-camp du prince royal de Prusse. En 1791, revenu dans sa patrie, il fut proscrit par ses concitoyens pour avoir soutenu avec trop d'énergie les principes de la liberté contre ceux de l'aristocratie. Il vint alors en France, et prit du service comme lieutenant-colonel dans le quatrième bataillon de Seine-et-Oise. En 1792, il faisait partie de l'armée du Nord, et commandait le château de Rodemach avec un faible garnison. Assiégé par de nombreux ennemis, et prévoyant que s'il n'est pas secouru il faudra s'ensevelir sous des ruines, il assemble les officiers, leur peint la situation critique où ils

la même année à Bamberg en Bavière, par suite d'une chute qu'il fit d'une fenêtre du château de cette ville, lorsqu'il regardait passer des colonnes russes qui se dirigeaient sur la France.

se trouvent, et leur dit : « Les défenseurs de la patrie ne doivent point porter de chaînes ! La liberté ou la mort !... Si nous ne sommes pas secourus, il nous reste deux partis : le premier, c'est de nous ouvrir un passage à travers l'ennemi la baïonnette en avant ; probablement nous serons tous tués ; mais du moins nous mourrons libres ! Le second, et il est préférable parce qu'il causera plus de mal à l'ennemi, c'est de le laisser entrer dans le fort et de faire sauter eux et nous tous ensemble. » Tous les officiers accueillirent avec enthousiasme les propositions de leur chef ; mais, heureusement pour la patrie, ils n'en furent pas réduits à cette extrémité, et furent délivrés. Laharpe eut depuis d'autres commandemens, et en l'an II, nommé général de brigade, il fit partie de l'armée d'Italie dans les Alpes ; se distingua souvent dans diverses attaques, et avait été nommé général de division, lorsqu'en 1796 Bonaparte vint prendre le commandement de cette armée. Nous l'avons vu seconder vaillamment le général en chef à Montenotte et à Dégo ; et bientôt il devait payer de sa vie son imprudente confiance, à laquelle une grande bravoure eût pu servir d'excuse, s'il n'eût pas été dans un rang si élevé.

## *Le 8 mai* 1799. COMBAT ET INCENDIE DE DAMENHOUR.

Egypte.

A tout ce que la force peut donner de moyens d'agression, les ennemis des Français en Egypte joignaient comme auxiliaires toutes les ressources du fanatisme pour porter à l'insurrection les peuples de ces contrées, courbés sous le joug de la plus grossière superstition. Vers la fin du mois d'avril, une scène fort étrange mit en révolte la province de Bahhyrèh. Un homme, venu du fond de l'Afrique, se dit l'ange El-Mahdy, annoncé dans le Coran par Mahomet. Cet ange doit descendre du ciel, et l'imposteur prétend être descendu du ciel au milieu du désert. Il est nu comme l'ange El-Mahdy, et il prodigue l'or qu'il a l'art de tenir caché. Tous les jours il trempe ses doigts dans du lait, se les passe sous les lèvres : c'est la seule nourriture qu'il paraît prendre. Deux cents Moghrebyns arrivent quelques jours après comme par hasard, et se rangent sous ses ordres. Les Arabes croient aveuglément, et s'unissent aux Moghrebyns. L'ange se porte alors sur Damenhour, surprend soixante hommes qu'on y avait laissés, et les égorge. Encouragé par ce premier succès, il exalte l'imagination de ses disciples. Il doit, en jetant un peu de poussière contre nos canons, empêcher la poudre de prendre, et faire tomber devant les vrais croyans les balles de nos fusils. Un grand nombre d'hommes attestent cent miracles de cette nature qu'il fait tous les jours.

Le général Lefebvre, avec quatre cents hommes, se porte au-devant de cette multitude de fanatiques. Il range sa troupe en bataillon carré, et tue pendant toute la journée ces insensés, qui se précipitent sur nos canons, ne pouvant revenir de leur prestige, malgré le carnage que la mitraille fait de leurs compagnons. Le lendemain 8 mai, le général Lanusse arrive à Damenhour; les habitans, qui se sont joints aux soldats de l'envoyé divin, se défendent avec rage dans les rues, dans les maisons; enfin ils s'aperçoivent, mais trop tard, que Dieu ne fait plus de miracles: quinze cents sont passés au fil de l'épée. Demenhour, livré aux flammes, n'est bientôt plus qu'un monceau de cendres, et l'ange El-Mahdy, blessé de plusieurs coups, se cache au fond des déserts, encore environné de quelques partisans; car dans les têtes fanatisées il n'y a point d'organes par où la raison puisse pénétrer.

Egypte.

*Le 8 mai* 1799. Pendant que l'ange El-Mahdy, malgré sa substance divine, était battu et blessé par de chétifs mortels, les Mamlouks, sous la conduite d'Elfy-Bey, se portèrent sur Chargyèh. Le général Davoust (1) les attaqua, les battit et les força à rentrer dans le désert.

*Le 8 mai* 1809. BATAILLE DE LA PIAVE.

Italie.

Pendant que Napoléon, avec la grande armée, marchait sur Vienne par les bords du Danube ; le prince Eugène, avec l'armée d'Italie, s'avançait vers cette capitale à travers le Tirol. Les Autrichiens, après avoir successivement abandonné Padoue, Vicence et Trévise, se retirent sur la rive gauche de la Piave. A la tête des divisions Desaix, Macdonald et Grenier, le prince Eugène force le passage de cette rivière, met en déroute l'armée ennemie, qui perd dans cette journée six mille hommes, cinquante caissons et seize pièces de canons.

(1) Aujourd'hui maréchal de France, duc d'Auerstaëdt, prince d'Eckmülh.

*Le* 9 *mai* 1796. ARMISTICE ENTRE LE DUC DE PARME ET DE PLAISANCE , ET LA RÉPUBLIQUE FRANÇAISE.

Alliant habilement la politique à la guerre, Bonaparte combattait d'une main et négociait de l'autre. Le duc de Parme et de Plaisance , effrayé du résultat que devait avoir pour son pays la marche victorieuse de l'armée française , chercha à se soustraire aux maux que son alliance avec l'Autriche allait attirer sur ses Etats ; il se détacha donc de la coalition , et demanda une suspension d'armes. Bonaparte l'accorda au nom de la république , et malgré la dureté des conditions , soumis par la nécessité , le duc de Parme l'accepta. Il dut payer une contribution de deux millions de livres , fournir seize cents chevaux harnachés , quinze mille quintaux de grains , deux mille bœufs , et, pour comble d'humiliation , livrer vingt des plus beaux tableaux , au choix du général en chef. A ce prix il devait être traité comme neutre jusqu'à la conclusion de de la paix, qu'il devait envoyer négocier à Paris par des plénipotentiaires. Ainsi, dans un mois de campagne , deux souverains furent obligés d'implorer la république, qu'ils avaient voulu

Italie.

détruire , et n'obtinrent la paix que par de douloureux sacrifices.

Ce fut à cette époque que Bonaparte demanda au directoire exécutif des artistes d'un mérite distingué, afin de les employer à choisir dans les musées italiens les chefs-d'œuvre de peinture et sculpture dont il voulait dépouiller l'Italie. A l'exemple des Romains, qui avaient pris aux Grecs vaincus les statues dont ils décorèrent le Capitole, les temples et les places publiques de Rome, le jeune conquérant avait conçu le projet d'embellir Paris des monumens que la victoire plaçait entre ses mains. Lorsqu'il dépouillait ainsi Parme et Plaisance, il ne pensait pas qu'un jour ce duché deviendrait l'apanage de sa femme et de son fils ; étrange enchaînement des choses de ce monde !

Armée des Alpes.

*Le 9 mai* 1794. Le général Dumas commandant l'armée des Alpes, voulant s'emparer du mont Cenis que défendaient les Piémontais, fit attaquer tous les postes ennemis dans la journée du 9 mai. Le fort de Mirabouck, le poste de Villeneuve des Prats, et le fort Maupertuis furent enlevés à la baïonnette ; dès-lors l'armée des Alpes se mit en communication avec celle d'Italie, dont la gauche appuyait à la vallée de la Stura.

*Le 9 mai* 1795. Combat de Musquirachu. Le général Marbot et l'adjudant-général Schild attaquent les Espagnols dans leur camp de Musquirachu, les en chassent et leur font quelques centaines de prisonniers.

Armée<br>des Pyrénées<br>occidentales.

*Le 9 mai* 1795. Le général Schérer venait de remplacer le général Pérignon dans le commandement de l'armée des Pyrénées occidentales, lorsque, le 9 mai, les Espagnols attaquèrent nos troupes dans leur camp de Cistella ; d'abord repoussés, les Français reprennent bientôt l'offensive, rentrent dans leur camp, et poursuivent les Espagnols jusqu'à une grande distance.

Armée<br>des Pyrénées<br>orientales.

*Le 9 mai* 1799. Reddition de Pizzighitone. après la retraite de Moreau sur le Piémont, le général autrichien Kaim mit le siége devant Pizzighitone, sur l'Adda, défendu par six cents Français, et fit ouvrir de suite la tranchée. Le 9 mai, le magasin à poudre ayant sauté, la place capitula.

Italie.

*Le 9 mai* 1799. Le général Chasteller, qui

Italie.

commandait un corps autrichien sous le général Souwarow , et qui avait suivi le général Moreau dans sa retraite sur le Piémont , fait sauter les portes de Tortone , s'empare de la ville , et la garnison française se retire dans la citadelle, où elle est assiégée.

**Armée du Rhin.** *Le 9 mai* 1800. Après les batailles d'Engen et de Moëskirch , le général Kray, fuyant devant l'armée française , est atteint par le général Saint-Cyr sur Biberach ; attaqué avec impétuosité , il fuit encore, laissant quinze cents prisonniers en notre pouvoir.

**Italie.** *Le 9 mai* 1809. Combat de Sacile. Poursuivis après la bataille de la Piave , les Autrichiens veulent tenir dans les redoutes qu'ils ont établies à Sacile ; mais ils en sont débusqués , et continuent leur retraite.

*Le 10 mai* 1796. PASSAGE DU PONT DE LODI.

**Italie.** Les combats de Fombio et de Casal avaient prouvé à Beaulieu qu'il ne pouvait prendre trop de précautions pour résister à l'armée française. Aussi, découvrant Milan et Pavie, il s'était hâté de passer l'Adda à Lodi, et de mettre ce fleuve entre lui et ses terribles ennemis. Il fit garder cette ville par un bataillon, plaça à la tête du pont, sur la rive gauche, le général Sebottendorf, avec dix mille hommes, et envoya une colonne sur Pizzighitone pour surveiller ce point, tandis que le général Colli (1) gardait le passage de l'Adda à Cassano. Mais il était dans la destinée du général autrichien de ne prendre que des précautions inutiles, et d'être trompé par Bonaparte dans toutes les circonstances. Beaulieu eût mieux fait de couper le pont de Lodi ; mais il ne désespérait pas de tenir sur l'Adda : il attendait de jour en jour des renforts qui lui étaient annoncés, et il ne voulait pas se priver d'un passage commode sur ce fleuve, au cas où il reprît l'offensive. Il allait se repentir bientôt de son trop de confiance.

Le général français avait déçu son ennemi en faisant mine de passer le Pô là où cet ennemi s'était retranché avec toute ses forces, et en exécutant le passage sur un point indéfendu ; à Lodi, il le déçut encore en passant l'Adda sur le point le plus redoutable ; et ce fleuve, qui, trois ans après, nous fut si fu-

(1) Après l'armistice conclu avec le roi de Sardaigne, ce général avait obtenu de prendre du service dans l'armée autrichienne.

neste sous Moreau , à Cassano , allait être témoin d'un des plus beaux faits d'armes qui aient illustré l'armée française.

Bonaparte pouvait entrer à Milan sans obstacle depuis la retraite de Beaulieu ; mais il savait alors se défier de ces triomphes de la vanité , plus brillans que solides , et il retarda son entrée dans cette capitale de la Lombardie jusqu'après une nouvelle bataille à laquelle il voulait engager l'armée ennemie , lui qui , plus tard , devait sacrifier son armée à la puérile satisfaction de dater quelques décrets d'une capitale nouvelle.

Par des mouvemens habilement combinés , il menace toute la rive de l'Adda devant l'armée autrichienne , et , tout-à-coup , par une marche de nuit , il se porte sur Lodi , où il arrive à neuf heures du matin. Le bataillon commis à la garde de la ville est bientôt repoussé , et les Français arrivent au pont sur le fleuve. Les Autrichiens étaient en bataille sur la rive opposée ; trente pièces de canon de position , serrées les unes contre les autres , enfilaient et croisaient leurs feux sur ce pont, de cent toises de longueur ; une véritable grêle de mitraille et de mousqueterie écrasait toute la rive droite. Deux pièces de

canon, seulement, étaient avec notre avant-
garde ; mais Bonaparte ne voulant pas perdre
de tems , les fit placer lui-même en face du
pont , et tirer sur l'ennemi jusqu'à ce que les
divisions Massena et Augereau fussent entière-
ment arrivées. Il fait alors former des bataillons de tous les grenadiers , les met en colonne serrée , le 2ᵉ bataillon de carabiniers en
tête ; en donne le commandement à Massena ;
tous les tambours battent la charge , et la formidable colonne s'élance sur le pont, au cri
victorieux de *vive la république !* La mitraille
jonche bientôt de cadavres toute la largeur
du pont. Malgré l'audace des Français, leur
mouvement se ralentit ; un moment d'hésitation eût tout perdu : les généraux Massena ,
Berthier, Cervoni , Dallemagne , le chef de
brigade Lasnes , et le chef de bataillon Du-
pas (1) le sentent ; ils se précipitent à la tête
de la colonne, décident le sort encore en
balance , et le pont est franchi.

Tout ce qui s'oppose à la terrible colonne est culbuté, l'artillerie des Autrichiens
est enlevée , tournée contre eux - mêmes ;
épouvantés d'une telle audace , ils fuient de

_______________

(1) Aujourd'hui lieutenant-général.

tout côté pour éviter la mort, abandonnant leurs bagages et toute leur artillerie. Les généraux Augereau, Rusca, et Beyrand, arrivent et achèvent de décider la victoire. C'en était fait de ce corps de dix mille hommes, si la cavalerie, qui avait été obligée de faire un grand détour pour passer à gué, eût pu arriver à tems et poursuivre les fuyards.

« Si j'étais tenu de nommer tous les militaires qui se sont distingués dans cette journée extraordinaire, dit Buonaparte dans son rapport au directoire, je serais obligé de nommer tous les carabiniers et grenadiers de l'avant-garde, et presque tous les officiers d'état-major; mais je ne dois pas oublier l'intrépide Berthier, qui a été dans cette journée canonnier, cavalier et grenadier; les aides-de-camp Marmont (1) et Lemarois (2), le général Sugny, commandant l'artillerie, l'adjudant-général Monnier, l'aide-de-camp du général Massena, Reille (3), et l'adjudant-major du 3ᵉ bataillon

----

(1) Aujourd'hui maréchal et pair de France, duc de Raguse, et l'un des majors-généraux de la garde royale.

(2) Aujourd'hui lieutenant-général.

(3) Aujourd'hui lieutenant-général.

de grenadiers, Thoiret, se sont particulièrement distingués. »

Notre infanterie, accablée de fatigue d'une marche de dix lieues et d'un combat aussi meurtrier, prit position en avant de Lodi, et notre cavalerie, pendant la nuit, suivit jusqu'à Crema l'ennemi qui se retirait sur Mantoue. Beaulieu n'espérant plus l'offensive, défendit faiblement le passage de l'Oglio, et réunit son armée derrière le Mincio, sous les fortifications de cette place, afin d'y attendre les renforts qui lui étaient annoncés.

### *Le 10 mai* 1811. GLORIEUSE ÉVACUATION D'ALMEIDA.

Quinze ans après le combat de Lodi, et le même jour du mois de mai, l'Espagne fut témoin d'un fait d'armes non moins extraordinaire. Après l'insuccès de la bataille de Fuentès de Onoro, le 5 mai, le maréchal Massena, voyant qu'il lui devenait impossible de ravitailler Almeida, prit la résolution d'ordonner à la garnison de détruire les fortifications de cette place, de l'abandonner, et se dirigeant vers le nord sur Barba-del-Puerco, par San-Felice, d'arriver sur ce point après avoir forcé la ligne ennemie, moins forte sur

Espagne.

ce point que sur tout autre. Ce projet paraissait aussi impraticable dans son exécution qu'il était difficile d'en instruire le général Brennier, commandant d'Almeida. Cependant, comme rien de mieux ne se présentait, il fut adopté.

Trois soldats intelligens furent choisis, et porteurs des ordres du maréchal Massena, ils se dirigèrent sur Almeida par trois chemins différens, à travers l'armée ennemie ; un seul, chasseur au 6e régiment d'infanterie légère, y parvint après mille dangers. Le signal, indiqué au général Brennier, était trois salves d'artillerie qu'il devait tirer à la réception des ordres. On les entendit le soir du 7 mai. Massena fit alors ses préparatifs pour repasser l'Agueda, et rentra en Espagne.

Le général Brennier, en exécution des ordres qu'il avait reçus, fait charger les fourneaux des mines déjà établis, met hors de service toute l'artillerie, détruit les munitions et approvisionnemens de toute espèce : des remparts d'Almeida, il montre à la garnison la direction qu'il compte prendre dans la nuit du 9 au 10 mai. Il donne pour mot d'ordre : *Bonaparte* et *Bayard*, met le feu aux mines, sort de la place, et tombe, l'épée à la main, sur les lignes anglaises. Au moment où

il les abordait, l'explosion se faisait entendre,
et les fortifications d'Almeida s'abîmaient.
Surpris, épouvantés d'une telle attaque, d'un
tel fracas, les Anglais cédent facilement, et
ouvrent un passage à l'audacieux Brennier,
qui arrive enfin sur l'Agueda avec ses onze
cents hommes après une perte légère.

Sont-ce des êtres surnaturels, des demi-
dieux qui combattent si vaillamment sur tous
les points de la terre? Non, ce sont des
hommes ; mais ce sont des Français.

### *Le 10 mai* 1794. PRISE DE THUIN.

L'armée des Ardennes se porte sur la Sam- Belgique.
bre, et le général Marceau attaque les Autrichiens, retranchés dans la ville de Thuin. Il
escalade les retranchemens, en chasse l'ennemi, et leur fait un grand nombre de prisonniers.

*Le 10 mai* 1795. Le général Schérer fait at- Armée
des Pyrénées
taquer les Espagnols dans leurs positions de orientales.
la Fluvia. Les généraux Charlet et Lomet les
repoussent d'abord ; mais ils sont repoussés à
leur tour, et rentrent dans les positions qu'ils
avaient quittées pour l'attaque. Les Espagnols
rentrent aussi dans les leurs.

### *Le* 10 *mai* 1800. COMBAT ET PRISE DE MEMINGEN.

Armée
du Rhin.

Après que le général Saint-Cyr eut battu les Autrichiens à Biberach, le général Lecourbe les rencontra entre l'Iller et Memingen. Il les attaqua, et après un combat opiniâtre, il leur fit dix-huit cents prisonniers, et s'empara de cette ville. C'est ainsi que l'armée du Rhin devançait, par ses exploits, les succès que Bonaparte allait obtenir en Italie.

Egypte.

*Le* 10 *mai* 1801. Le général Lagrange se retire du fort Rahmènièh sur le Kaire, et le fort se rend aux Anglais.

Italie.

*Le* 10 *mai* 1809. Poursuivant ses succès, après la bataille de la Piave, l'armée d'Italie attaque les Autrichiens près de Bruguiera. Deux bataillons du 23ᵉ régiment d'infanterie légère prennent cinq cents hommes et une pièce de canon.

### *Le* 11 *mai* 1794. COMBAT DE COURTRAY.

Armée
du Nord.

Après la prise de Landrecies, les alliés firent un mouvement sur toute la frontière du nord, et portèrent des renforts à leur armée de la Sambre. Le général Clairfait, qui tenait à reprendre Courtray, qu'une habile manœuvre du général Souham lui avait enlevé, et que le combat de Mont-Cassel et de Moëscroen n'avait pu lui rendre, profitant d'un mouvement que ce général avait fait, s'était jeté sur cette ville, et déjà en occupait les faubourgs, lorsque Souham, averti à tems, revint rapidement sur ses pas. Pendant qu'il attaquait les Autrichiens de front, le général Macdonald (1) cherchait à les prendre à revers. Le combat fut opiniâtre, et dura jusqu'à dix heures du soir sur le même terrain ; mais enfin Clairfait, sentant qu'il ne pouvait soutenir un second combat avec avantage, profita de la nuit pour se retirer, et Courtray resta en notre pou‑voir.

*Le 11 mai* 1809. Le maréchal Lefebvre, duc de Dantzick, après les batailles d'Eckmülh et de Ratisbonne, poursuivit les colonnes autrichiennes qui s'étaient retirées dans le Tyrol : les ayant atteintes dans la position de Strub-

Tirol.

(1) Aujourd'hui maréchal de France, duc de Tarente, pair, grand-chancelier de la Légion – d'Honneur, et l'un des ma‑jors-généraux de la garde royale.

Pass , il les culbuta , leur prit sept pièces de canon et fit six cents prisonniers.

*Italie.*   *Le 11 mai 1809.* Le prince Eugène ne se lassant pas de poursuivre l'ennemi qui ne se lassait pas de fuir , passe le Tagliamento , et trouvant l'ennemi en position à Saint-Daniel, il l'attaque , le chasse , lui prend quinze cents hommes , deux pièces de canon , et un drapeau.

*Piémont.*   *Le 11 mai 1800.* Vivement poursuivi par une armée nombreuse , débordée sur ses ailes , et après une glorieuse retraite à travers le Piémont , le général Suchet évacue Nice ; et devant les Autrichiens , qui ne purent l'empê- cher , il effectue le passage du Var , derrière lequel il prend position , décidé à tout braver pour s'y maintenir.

*Le 12 mai 1796.* PRISE DE PIZZIGHITONE ET DE CRÉMONE.

*Italie.*   Beaulieu fuyant vers Mantoue , après le com- bat de Lodi , abandonna Crémone et Pizzi- ghitone à leur propre défense. Les généraux Massena et Serrurier canonnèrent vivement pendant toute la journée du 11 la dernière de ces places, et elle se rendit le lendemain 12. Crémone ouvrit ses portes sans coup férir au général Beaumont.

## *Le* 12 *mai* 1799. TENTATIVE DU PASSAGE DU PO, PAR SOUWAROW, SOUS ALEXANDRIE.

Jamais conquête ne fut plus rapide, ni ne parut plus solide que la conquête de l'Italie par Bonaparte en 1796 ; jamais aussi de si brillans avantages ne furent perdus en si peu de tems.

Les fautes de Schérer sur l'Adige et la sanglante journée de Magnano avaient ouvert l'Italie aux Autrichiens ; après la bataille de Cassano sur l'Adda, les Austro – Russes s'y précipitèrent de toutes parts.

A la tête d'une armée nombreuse, Souwarow, à peine entré dans Milan, la divisa en plusieurs corps afin d'occuper en même tems toutes les provinces ; il lia sa droite au nord, avec la gauche du prince Charles, jusqu'au de-là du Saint - Gothard, envoya à l'est le général Kray assiéger Mantoue, Klenau assiéger Ferrare et Bologne, et le général Ott se porta dans la Haute-Toscane, au sud, pour s'opposer au général Macdonald, qui arrivait du royaume de Naples, et s'emparer avant lui des passages des Apennins, afin de lui couper sa dernière retraite sur le pays de Gênes. En dispersant ainsi ses lieutenans sur la surface de l'Italie, Souwarow se réserva la tâche la plus difficile, mais aussi la plus glorieuse. Après avoir mis le siége devant le château de Milan, il se porta à la poursuite du général Moreau, dans le dessein de le forcer à abandonner le Piémont avant qu'il eût reçu des renforts.

Moreau, réduit à vingt-huit mille hommes, était arrivé le 7 mai à Turin, mais ne pouvant avec de si faibles moyens défendre les plaines du Piémont, et couvrir le pays de Gênes, il se décida à se rapprocher des Apennins pour favoriser plus sûrement la retraite du général Macdonald. En conséquence, il fit évacuer l'arsenal de Turin, plaça le général Fiorella avec une garnison dans la citadelle. Après avoir rétabli ses communications vers la Provence, d'où il attendait des secours, et qui avaient été interrompues par les Piémontais, qui déjà s'insurgeaient, il porta son quartier-général à Alexandrie, et prit de fortes positions sous Tortone et Valenza, afin de retenir Souwarow sur la rive gauche du Pô le plus long-tems qu'il le pourrait. Le général russe était arrivé à Pavie dès le 4 mai , et divisant encore ses forces il envoya le général Wukassovich , en remontant la rive gauche du Pô , menacer Turin· et tâcher par-là de rappeler Moreau sur ses derrières compromis. Le général Hohenzollern se porta également, par son ordre, sur Plaisance , où il passa le Pô , et marcha sur Tortone par Voghera , afin de menacer les communications des Français avec les Apennins , et chercher à leur faire dégarnir le centre pour secourir leur droite. L'intention de Souwarow était d'engager le général français à porter son attention sur ses ailes , afin de passer le Pô , et de l'attaquer à l'improviste par son centre. Mais Moreau ne se laissa point tromper par les démonstrations des ennemis : il se tint dans sa position entre Valenza et Alexandrie , et attendit l'événement. Ainsi donc , trois ans après , presque jour pour jour , sur le même fleuve , quoique sur une rive opposée , et dans les mêmes lieux , Moreau jouait le rôle que Beaulieu avait joué trois ans auparavant , et Souwarow celui de Bonaparte. Mais si Moreau , devant des forces triples , fut obligé de changer ses positions , il ne se laissa pas du moins duper , comme Beaulieu le fut en 1796.

Souwarow voyant que rien ne pouvait ébranler Moreau , se décida à l'attaquer de front. Le 11 mai, quelques troupes russes passèrent le Pô au-dessus de Valence , mais elles furent repoussées par l'adjudant-général Garau. Le 12 , le général Schubarf, à la tête de sept mille hommes, passa le Pô à Bassignano , au-dessous de Valence. La division Grenier , et les troupes du général de brigade Gardanne , l'attaquèrent de front , pendant que le général Victor l'attaqua sur son flanc. On se battit avec acharnement de part et d'autre , mais enfin le général Schubarf ayant été tué , les Russes plièrent et furent culbutés dans le fleuve , après une grande perte. La non réussite de cette attaque engagea Souwarow à prendre de nouvelles dispositions , et à renoncer au passage du Pô sur ce point-là.

*Le 12 mai* 18*3. COMBAT DE BISCHOFSWERDA.

Saxe.

Le 8 mai , l'armée française était entrée à Dresde , que les alliés avaient évacué en se retirant sur la rive droite de l'Elbe , dont ils brulèrent les ponts. Napoléon parcourut sur-le-champ la rive gauche , dans le dessein d'y trouver un point propre à la construction d'un pont. Il s'arrêta au village de Priesnitz, au-dessous de Dresde, vis-à-vis d'Ubigau, et donna ses ordres pour que les matériaux nécessaires y fussent réunis. L'ennemi, qui s'aperçut de notre dessein, plaça à Ubigau, dès le matin du 9, de nombreuses batteries, afin de s'opposer à la construction du pont. Le général Drouot arriva alors avec cent pièces de canon, et une violente canonnade s'engagea. Napoléon était à Priesnitz, dirigeant lui-même les opérations. Un éclat de bois, détaché par un boulet d'un magasin voisin, l'atteignit à la tête : *S'il avait touché le ventre, c'était fini*, dit-il en relevant le morceau de bois et l'examinant. Un instant après, un obus tombe près d'un bataillon italien ; les soldats se baissent pour échapper à l'explosion. Il se tourne vers eux avec un rire moqueur, et leur crie : *Ah! coujoni, non fa male.* Cependant l'ennemi, que notre feu a écrasé, se retire ; mais la rapidité du fleuve était si grande qu'on reconnut l'impossibilité de construire promptement un pont dans cet endroit. On essaya alors de rétablir celui de Dresde, et enfin, après deux jours et deux nuits d'un travail continuel, il fut achevé. Le 11 au matin, l'armée passa sur la rive droite, et le même jour le duc de Tarente occupa Bischofswerda. Le 12, à la pointe du jour, les Russes, au nombre de vingt mille hommes, vinrent attaquer le maréchal Macdonald dans ses positions ; le combat fut sanglant ; nos troupes repoussées évacuèrent la ville ; mais l'ennemi, menacé à son tour par ses flancs, fut obligé de se retirer et mit le feu à Bischofwerda, qui bientôt ne fut que ruines.

## *Le 12 mai* 1809. ENTRÉE A VIENNE.

Autriche.

Comme Napoléon l'avait promis à l'armée après la bataille d'Eckmühl, notre avant-garde arriva sous les murs de Vienne le 12 mai. Cette ville, fermée par quelques fortifications et un fossé, essaya de se défendre, quoique l'armée autrichienne eût déjà passé sur la rive gauche du Danube ; mais quelques bombes jetées dans les faubourgs firent bientôt ouvrir les portes. L'armée y entra aussitôt, et Napoléon fut établir son quartier-général au palais de Schœnbrunn, hors de la ville. Le lendemain, il adressa à l'armée la proclamation suivante :

Soldats,

Un mois après que l'ennemi a passé l'Inn, au même

jour , à la même heure , nous sommes entrés dans Vienne.

Ses landwehrs, ses levées en masse , ses remparts créés par la rage impuissante des princes de la maison de Lorraine , n'ont point soutenu vos regards. Les princes de cette maison ont abandonné la capitale. Le peuple de Vienne, selon l'expression de sa députation, délaissé, abandonné, veuf, sera l'objet de vos égards. J'en prends les bons habitans sous ma protection spéciale ; quand aux hommes turbulens et méchans , j'en ferai une justice exemplaire.

Soldats , soyons toujours bons pour les pauvres paysans, pour ce bon peuple qui a tant de droits à notre estime ; ne conservons aucun orgueil de nos succès ; voyons-y une preuve de cette justice divine qui punit l'ingrat et le parjure.

*Le 12 mai* 1794. Le général Desjardins attaque les Autrichiens dans leurs positions de Merbes , et les repousse jusque sous le canon de Grandreng.

Armée des<br>Ardennes.

*Le 12 mai* 1795. L'adjudant-général Almeyras attaque, avec deux mille hommes, le col del Monte, s'en empare, et fait deux cents Piémontais prisonniers.

Armée des<br>Alpes.

*Le 12 mai* 1809. Lord Wellington attaque le maréchal Soult dans Oporto, et le force à se retirer.

Portugal.

*Le 12 mai* 1809. COMBAT D'ALCANTARA.

Portugal.

Le corps d'armée du maréchal Victor repousse les Anglais et leur fait quatre cents prisonniers.

Italie.

*Le 12 mai* 1809. Le général Grouchy (1), commandant la cavalerie de l'armée d'Italie, s'empare d'Udine, et fait huit cents Autrichiens prisonniers, pendant que le colonel Gifleuga, à la tête d'un escadron du 6ᵉ régiment de hussards et d'un escadron des dragons italiens de la reine, prend cinq cents ennemis, dont huit officiers, et le drapeau du régiment de Jellachich.

*Le 13 mai* 1807. ATTAQUE GÉNÉRALE DES LIGNES FRANÇAISES EN POLOGNE ET EN PRUSSE.

Pologne.

Pendant que l'armée française, dans ses cantonnemens, prenait quelque repos après la sanglante journée d'Eylau, le maréchal Lefebvre faisait le siége de Dantzick, défendu par les Prussiens et les Russes. L'armée alliée, voulant faire une diversion utile au corps de

(1) Aujourd'hui lieutenant-général, nommé maréchal par Bonaparte en 1815, et porté sur la première liste du 24 juillet.

troupes qu'elle envoyait au secours de cette place, inquiéta nos avant-postes sur toute la ligne qu'ils occupaient, depuis Dantzick jusqu'à Ostrolenka, sur la Passarge, l'Alle, l'Omulew, la Narew et le Bug.

Toutes ses attaques furent repoussées victorieusement. La plus considérable eut lieu sur le Bug, où commandait le général Lemarois, et sur la Narew, où le général Suchet occupait Ostrolenka. Dans ces deux derniers endroits, les Russes firent de grandes pertes en tués et prisonniers (1).

### *Le 13 mai* 1809. COMBAT DE VORGEL.

Le maréchal Lefebvre, poursuivant toujours le général autrichien Chasteller vers Inspruck, l'atteint dans la position de Vorgel, et lui enlève onze pièces d'artillerie et sept cents hommes.

*Tirol.*

### *Le 13 mai* 1814. COMBAT DE GRANDRENG.

Le général Desjardins attaque les Autrichiens dans Grandreng, s'en empare, en est chassé, le prend de nouveau, l'abandonne encore, finit par le reprendre une seconde fois et s'y maintient.

*Armée des Ardeunes.*

(1) Nous verrons, lors de la prise de Dantzick, quel fut le résultat de l'expédition envoyée pour secourir cette place.

**Armée d'Italie.**

*Le 13 mai 1800.* Les Autrichiens attaquent les Français dans leur position de Monte-Creto, en avant du pont du Var, mais ils sont repoussés.

**Piémont.**

*Le 13 mai 1800.* Première attaque du pont du Var. Arrivé sur cette rivière, le général Suchet y fit établir une tête de pont. Le 13 mai, le général Elsnitz la fit attaquer ; mais il fut repoussé.

*Le 14 mai 1810.* PRISE DE LÉRIDA.

**Espagne.**

Le maréchal Suchet, de retour de son expédition sur Valence, vint mettre le siége devant Lérida. Cette ville, une des plus considérables de la Catalogne, est située sur une colline près la rivière de Sègre. Sa proximité des Pyrénées l'a souvent exposée aux désastres qui assaillissent si souvent les villes de guerre. Les Français la prirent lors de la révolte des Catalans. Les Espagnols la reprirent en 1644, après avoir battu le maréchal de la Mothe. Le comte d'Eurion en leva le siége en 1646, et le prince de Condé en 1647. Le duc d'Orléans la prit d'assaut la même année. Nous avons déjà vu, au 23 avril, l'attaque infructueuse que fit le général O'Donell pour tâcher d'en faire lever le siége.

Débarrassé de toute inquiétude, le maréchal Suchet pressa le siége de Lérida de telle manière que cette ville capitula le 14 mai. Nous y trouvâmes cent cinquante pièces de canon, cent cinquante milliers de poudre, et dix mille fusils. La garnison, forte de huit mille hommes, fut prisonnière de guerre. .

*Le 14 mai* 1794. Le général Bagdelone s'empare sur le mont Cenis des redoutes des Rivets et de la Ramasse, repousse les Piémontais et leur fait six cents prisonniers. — *Armée des Alpes.*

*Le 14 mai* 1807. Pendant que Jérôme Bonaparte, avec les généraux français et les troupes bavaroises et wurtembergeoises sous ses ordres, faisait la guerre en Silésie, trois mille Prussiens, sortis de la forteresse de Glatz, se portèrent sur le village de Cauth, qu'ils surprirent, et firent cent quarante Bavarois prisonniers. Le général Dumuy, qui commandait à Breslau, se porta à leur rencontre, les repoussa, reprit les prisonniers bavarois, et enleva une centaine de Prussiens. — *Silésie.*

*Le 14 mai* 1812. Les Anglais détruisent le fort Almeria, qui battait la mer, après que les Français l'ont évacué. — *Espagne.*

## *Le* 15 *mai* 1796. Entrée solennelle dans Milan.

Italie.　La victoire de Lodi assurait à l'armée française la conquête du Milanais, éternel sujet de guerre ; Bonaparte, rassuré par la retraite des Autrichiens derrière le Mincio, put enfin sans danger donner quelques jours de repos à son armée, dans la capitale de ce beau pays. Pendant qu'un corps de troupes suivait l'ennemi, la division du général Massena se dirigea sur Milan, et y arriva le 14 mai ; la révolution française avait ses sectateurs dans cette capitale ; dès qu'on y apprit l'approche des Français, la moitié de la population, détruisant tous les emblêmes du gouvernement autrichien, dont les chefs avaient quitté la ville, arbora les couleurs nationales, et se porta au-devant de l'armée française. Les autorités municipales avaient été, dès le 13 mai, faire leur soumission et remettre les clefs au général victorieux, Bonaparte, qui débutait alors aux entrées triomphales, qui dans la suite devinrent pour lui la plus douce récompense de la victoire, fit son entrée dans Milan le 15 mai, à la tête des grenadiers de Lodi, au milieu de toute la garde civique et

aux acclamations d'une immense quantité de
citoyens. Le soir, on lui donna un bal brillant,
où les dames de la ville parurent toutes dé-
corées du ruban tricolore.

Dès leur arrivée, les Français mirent le
siége devant le château de Milan, que défendaient dix-huit cents Autrichiens. Bonaparte,
qui voulait bientôt marcher de nouveau à l'ennemi, s'empressa d'organiser un nouveau gouvernement dans la Lombardie; il s'efforça d'y
fomenter les idées de républicanisme qui devaient, selon lui, lui donner l'opinion générale
pour auxiliaire en Italie. Bientôt il s'aperçut
que l'emploi de la force pouvait seul maintenir son autorité dans un pays où l'influence
de la noblesse et du clergé, irréconciliables
ennemis du nouvel ordre de choses, exer-
çait encore un puissant empire. La ville de
Milan fut taxée à une contribution de vingt
millions, que l'argenterie des eglises com-
pléta; et les chefs-d'œuvre des Raphaël, des
Léonard de Vinci, des Rubens, des Titien,
quittèrent leur terre natale pour les bords de
la Seine.

Le même jour où Bonaparte entrait dans
Milan, on célébrait à Paris, et sur toute l'é-
tendue du territoire de la république, *la*

*fête des victoires*, en l'honneur de celles qu'a-
vaient remportées les armées de la république. L'idée de cette fête nationale, où fi-
guraient déjà vingt-un drapeaux conquis par
l'armée d'Italie dans les premiers combats
qu'elle avait livrés, appartenait au général
Carnot (1), l'un des cinq directeurs. Cette fête,
d'un genre tout nouveau, et bien propre à
exalter le courage des braves auxquels on dé-
cernait de tels honneurs, eut lieu au Champ-
de - Mars avec toute la solennité qui accom-
pagne les cérémonies publiques d'un intérêt
aussi général.

*Le 15 mai* 1796. TRAITÉ DE PAIX ENTRE LA
RÉPUBLIQUE FRANÇAISE ET LE ROI DE
SARDAIGNE.

Paris.

Par ce traité, le roi de Sardaigne renonçait,
en faveur de la république, au comté de Nice
et à la Savoie, cédait plusieurs places fortes
de ses Etats, et se détachait de la coalition
contre la France.

*Le 15 mai* 1807. COMBAT SOUS DANTZICK.

Prusse.

Les Russes et les Prussiens ayant envoyé un

(1) Aujourd'hui lieutenant - général, nommé ministre de
l'intérieur par Bonaparte en 1815, porté sur la deuxième liste
du 24 juillet.

corps considérable de troupes pour secourir Dantzick, assiégé par le maréchal Lefèbvre, ce corps, malgré ses efforts, ne put pénétrer dans la place, et resta dans le fort de Veischelmund, sur le bord de la mer, à deux lieues de Dantzick (1).

*Le* 15 *mai* 1807. La colonne prussienne     Silésie. sortie de Glatz, et battue le 14 mai par le général Dumuy, à Cauth, le fut encore le 15 près de Schweidnitz et de Sibelberg par le général Lefebvre et le lieutenant-colonel Ducoudray, lorsqu'elle cherchait à rentrer dans Glatz, où elle ne put parvenir.

*Le* 15 *mai* 1810. ÉVASION DU PONTON LA CASTILLE, STATIONNÉ DEVANT CADIX.

Au mépris de la capitulation de Baylen, un     Espagne. grand nombre de prisonniers français avaient été renfermés dans des pontons devant Cadix, et gémissaient depuis un an dans ces affreuses prisons, dont, par un raffinement de cruauté, les Anglais sont les inventeurs.

Depuis un an, six cents officiers et neuf cents soldats, placés à bord du ponton *la Castille*, avaient résolu de tout tenter pour recouvrer leur liberté ; ils avaient d'abord compté sur

(1) Nous reparlerons de ce combat lorsque nous donnerons, au 27 mai, la relation entière du siége de Dantzick.

la prise de Cadix par l'armée française ; mais le siége traînant en longueur, ils attendirent la première occasion favorable pour exécuter leur dessein.

La prise de Matagorda vint la leur fournir. Par suite de l'occupation de ce fort, nos avant-postes et nos batteries se rapprochèrent de Cadix, et pouvaient au besoin porter secours aux pontons qui parviendraient à s'échapper. Un vent sud-ouest qui s'éleva dans la journée du 15 mai était le signal qu'attendaient nos captifs. Aussitôt que la nuit est venue, ils surprennent leurs gardiens, les désarment, les mettent au fond de cale, coupent les câbles, et se laissent aller à la dérive, après avoir fait des voiles avec les hamacs. Dès que les vaisseaux anglais et espagnols se furent aperçu du mouvement du ponton *la Castille*, ils firent pleuvoir sur lui une grêle de bombes et de boulets ; plusieurs Français reçurent la mort au moment de recouvrer la liberté. Toute la nuit en butte au feu des Espagnols et au caprice des flots, ce ne fut que le 16, à la pointe du jour que le ponton vint s'échouer à la côte sous nos batteries. Aussitôt que nos troupes en furent averties, elles volèrent au secours de leurs infortunés compatriotes. L'opération du sauvetage dura sept heures ; elle se fit sous un feu d'artillerie des plus vifs. C'était un spectacle touchant que l'ardeur que chacun mettait à sauver ces prisonniers ; généraux, officiers et soldats, les uns à la nage, les autres dans la vase jusqu'aux épaules, quelques-uns sur des embarcations ; tous rivalisaient de zèle ; enfin, vers midi, tout était débarqué.

L'ennemi était parvenu, avec ses bombes, à mettre trois fois le feu au ponton. Tant qu'il resta quelqu'un à bord, le feu y fut éteint ; mais aussitôt qu'il eut été évacué, une nouvelle bombe ayant éclaté sur le pont, il fut bientôt consumé. Le colonel Buquet, du 75ᵉ régiment, et le major Christophe, du 12ᵉ de cuirassiers, avaient dirigé l'entreprise, dans laquelle périrent quatre officiers et quelques soldats.

### *Le 16 mai 1811.* BATAILLE D'ALBUERA.

Au commencement de mai 1811, le maréchal Soult, duc de Dalmatie, quitta l'Andalousie, et se porta avec quinze mille hommes d'infanterie et trois mille chevaux sur Badajoz pour le ravitailler et en faire lever le siége. A son approche, le général anglais Be-

Portugal.

resford, commandant les troupes du siége, au nombre de vingt-quatre mille hommes, ne se croyant pas assez fort pour soutenir le combat sous les murs mêmes de cette place, se retira en Portugal, et prit position sur l'Albuera, près le village de ce nom, à l'embranchement des routes qui conduisent à Badajoz par Valverde et Olivença. L'intention du général ennemi était d'attendre le général espagnol Blacke, qui marchait pour le joindre avec neuf mille hommes. Le maréchal Soult, qui voulait prévenir cette jonction, se porta sur la ligne ennemie, et la fit attaquer le 16 au matin; mais déjà Blacke était arrivé dans la nuit, et tenait l'aile droite des alliés.

Le général de brigade Godinot marcha sur le village d'Albuera, vers la gauche des ennemis, et y fit une fausse attaque, afin d'y attirer leur attention, tandis que le général Girard (1) avec sa division, et le général Latour-Maubourg (2), commandant la cavalerie, se portaient vers la route d'Olivença, afin d'empêcher la jonction de Blacke, que l'on sup-

(1) Blessé mortellement au combat de Ligny, deux jours avant la bataille de Mont-Saint-Jean.

(2) Aujourd'hui lieutenant-général et pair de France.

posait devoir arriver par cette route. Dès le
début de l'attaque nous le trouvâmes en ligne.

Malgré sa grande supériorité numérique,
l'ennemi fut culbuté par la division Girard,
débordé par la cavalerie, et sa position lui
fut enlevée ; mais il revint bientôt avec ses ré-
serves, et un combat terrible s'engagea sur
toute la ligne, principalement sur notre gauche, où combattaient le maréchal et les généraux Girard et Latour-Maubourg. Une
charge, vaillamment et heureusement exécu-
tée par le 2ᵉ régiment de hussards, le 1ᵉʳ régiment de lanciers de la Vistule, le 4ᵉ et le 20ᵉ
de dragons, et dans laquelle se distinguèrent
les colonels Farine et Vinot, enfonça trois
brigades d'infanterie anglaise. Les Espagnols
furent également culbutés, et prirent la fuite.
L'armée alliée semblait perdue, lorsque les
Anglais parvinrent à se rallier ; et tombant
avec audace sur nos troupes, que l'ardeur de
la poursuite avait emportée trop loin sur les
Espagnols qui fuyaient, ils les forcèrent à reculer. C'est en vain que par de nouveaux
efforts nous voulûmes prendre les positions de
l'ennemi ; il les conserva, et vers trois heures après midi, de part et d'autre, on cessa
un combat dans lequel chacun des partis
avait fait des pertes énormes.

Les alliés perdirent douze mille hommes et deux généraux ; notre perte fut aussi très-considérable. Les généraux Verlé et Pépin, le colonel Prœfke, du 28<sup>e</sup> de ligne, y furent tués. Les généraux Maransin et Brayer furent blessés.

Malgré l'incertitude de la victoire, le but du maréchal était atteint : il avait ravitaillé Badajoz, dont le gouverneur avait détruit tous les ouvrages élevés par les alliés autour de la place ; il resta encore deux jours dans ses positions près d'Albuera, et, le 18, il se mit en marche pour retourner en Andalousie, où sa présence était nécessaire.

### *Le 16 mai* 1793. COMBAT DE FONTENAY.

Vendée.

Le général républicain Chalbos, avec trois mille hommes, occupait Fontenay, chef-lieu de la Vendée, lorsqu'il y fut attaqué par un corps considérable de Vendéens, commandé par d'Elbé. Le combat fut opiniâtre ; mais enfin les Vendéens furent battus, dispersés et obligés de fuir dans le Bocage pour éviter de tomber entre les mains des républicains.

### *Le 16 mai* 1794. COMBAT DU FORT SAINT-ELME.

Pyrénées orientales.

La victoire remportée au camp du Boulou,

le 1<sup>er</sup> mai, avait obligé les Espagnols d'évacuer tout le Roussillon, et facilitait à Dugommier les siéges de Collioure, Port-Vendre et du fort Saint-Elme, dont l'ennemi s'était emparé au commencement de la campagne. Le 16 mai, les garnisons de ces trois places firent une sortie pendant la nuit et repoussèrent d'abord nos troupes; mais, repoussées à leur tour, elles furent obligées de rentrer dans leurs places respectives. Le général Dugommier fut blessé pendant l'action et manqua d'être fait prisonnier.

*Le 16 mai* 1799. COMBAT DE SYENNE.

Le capitaine Renaud, commandant deux cents hommes, est attaqué par quatre cents Mamloucks; il leur tue ou blesse une centaine d'hommes et les chasse dans le désert, au-dessus des cataractes.

Egypte.

*Le 16 mai* 1799. COMBAT DE SAN-GIULIANO.

Le général Souwarow ayant échoué le 12 mai dans son passage du Pô, sur le front des positions du général Moreau, sous Alexandrie et Valence, se décida à porter définitivement toutes ses forces sur les deux ailes des Fran-

Italie.

çais, pour les décider à quitter leur camp et à se replier sur les frontières de France ou dans le pays de Gênes. Pendant que le général Wukassovich attaquait Verrua, Ponte-Stura et Casale, le général Mélas se portait sur Candia. Moreau, voulant prévenir le mouvement de ce dernier, passa la Bormida sous Alexandrie le 16 mai, et fit d'abord replier tous les avant-postes ennemis, qui s'étendaient jusqu'à Marengo ; les poursuivit sur San-Giuliano, et isola les corps de Bagration et de Lusignan ; mais ceux-ci s'étant ralliés, marchèrent sur les Français, qui furent obligés de se retirer dans leur camp d'Alexandrie.

Le lendemain et le surlendemain, Souwarow continua les attaques sur la gauche des Français. Le général Wukassovich enleva Casale ; Moreau, menacé alors de toutes parts, prêt à être coupé, évacua Valence et Alexandrie. Après avoir mis une garnison dans la citadelle de cette dernière place, il fut prendre position à Coni, faisant occuper Ceva et Mondovi pour conserver ses communications avec Gênes.

## *Le 16 mai* 1800. COMBAT D'ERBACH ET DE PAPELAW.

Après les combats de Moëskirch et de Memingen, le général Kray s'était retiré dans son camp retranché d'Ulm, sur le Danube, avec toute son armée. Le 16 mai il attaqua, avec toutes ses forces, le général Sainte-Suzanne, posté sur la rive gauche de ce fleuve. Surpris à la pointe du jour par un corps considérable de cavalerie, entre les villages de Papelaw et d'Erbach, le général Legrand est obligé de se retirer, et l'ennemi, profitant de ce premier succès, sépare la division Souham, qui tenait la gauche, du corps principal ; il attaque alors Souham sur ses deux flancs, cherche à ôter à Sainte-Suzanne l'appui du Danube pour le priver des secours qu'il peut recevoir de la rive droite, et pousse vivement tout le front de notre ligne. Les généraux français chargent l'ennemi à la tête de leurs troupes, et, pendant douze heures d'un combat sanglant, ils résistent courageusement à des forces quintuples. Heureusement le canon, qui se fit entendre sur la rive droite, vint tirer le corps de Sainte-Suzanne de la position critique où il se trouvait engagé. C'était le

Allemagne.

général Gouvion-Saint-Cyr, qui arrivait au sé-
cours de l'aile gauche de l'armée ; les Autrichiens, craignant pour leur retraite, se retirèrent subitement dans leur camp d'Ulm,
abandonnant les avantages que leur promettait
la supériorité de leur nombre.

*Le 16 mai 1801.* COMBAT D'ELMENAÏR.

Egypte.

Le général Belliard, commandant au Kaire,
méditait depuis long-tems le dessein de se porter à la rencontre de l'armée du visir, qui était
encore une fois entrée en Egypte. Ayant reçu
le secours du général Lagrange, revenant de
Rahmanièh, il se porta avec cinq mille hommes sur l'armée turque, et rencontra son
avant-garde, forte de neuf mille Turcs et de
cinq cents Anglais. Le 16 mai, après l'avoir
forcée à reculer sur le gros de l'armée, le général Belliard s'apprêtait à renouveler les
succès d'Héliopolis ; mais les Osmanlis, ren-
dus prudens par leurs défaites et les conseils
des Anglais, ne résistèrent point en masse ;
et se dispersant, ils cherchèrent à envelop-
per les Français, et à leur couper le chemin
du Kaire. Le général Belliard sut leur résister, et s'étant rapproché de cette ville, conserva toutes ses communications.

## *Le* 16 *mai* 1807. DEUXIÈME COMBAT DE PULTUSCK.

Pendant que l'ennemi attaquait, le 15, sur toute la ligne depuis Ostrolenka jusqu'à Dantzick, un corps de sept mille Russes se porta sur Pultusck à la tête du pont sur la Narew. Le maréchal Massena, ayant sous ses ordres les Bavarois, les repousse avec perte de six cents tués ou blessés.

Pologne.

## *Le* 16 *mai* 1807. COMBAT DE PASSENWERDER.

Un corps prussien s'étant avancé par Pillau dans le Nehrung, pour marcher au secours de Dantzick, est attaqué le 16 mai par le général de brigade Albert (1), à la tête de deux bataillons de grenadiers, et par le général Baumont, commandant les 3ᵉ, 11ᵉ de chasseurs, et une brigade de dragons. Culbuté, l'ennemi est poursuivi au-delà de Stége pendant dix lieues, l'épée dans les reins, et laisse en notre pouvoir quatre pièces de canon et onze cents prisonniers.

Prusse.

(1) Aujourd'hui lieutenant-général, premier aide-de-camp de S. A. S. le duc d'Orléans.

## *Le 16 mai* 1809. COMBAT DU MONT KITTA.

Croatie.

L'armée de Dalmatie, sous les ordres du maréchal Marmont, duc de Raguse, s'était aussi mise en campagne, en 1809, contre les Autrichiens, coordonnant ses mouvemens à ceux de l'armée d'Italie, et se dirigeant également sur Vienne. Le 14 mai, elle entra en Croatie, et le 16, ayant rencontré l'ennemi en position sur les hauteurs du mont Kitta, la division du général Clausel l'attaqua et le chassa de tous ses postes avec perte de quinze cents hommes. Le général autrichien Stoïssevich et plusieurs officiers furent faits prisonniers.

## *Le 17 mai* 1793. COMBAT DE RIXHEM.

Armée du Rhin.

Le général Custines, forcé de laisser le roi de Prusse faire le siége de Mayence, avait fait prendre position à l'armée du Rhin derrière la Lauter. Appelé à cette époque au commandement de l'armée du Nord, il voulut signaler son départ par une action générale sur toute la ligne, depuis le Rhin jusqu'au camp de Hornbach, occupé par l'armée de la Moselle. Son intention était d'enlever un corps de huit mille Autrichiens qui s'étaient portés en avant de Herxheim et de Rhinzabern. Pendant cette expédition, les généraux Houchard et Pully, sur la gauche, devaient tenir en échec les Prussiens avec l'armée de la Moselle. Le général Chambarlhac, commandant le fort Louis, devait inquiéter les Autrichiens près du Rhin, sur la droite, et le général Ferrières sortir de son camp de Lauterbourg pour attaquer de front le poste de Rhinzabern.

Ayant ainsi fait ses dispositions, Custines, avec ses principales forces, se porta le 16 au soir sur l'ennemi, et le 17 au matin le général Landremont, commandant l'avant-garde, commença le combat, se dirigeant sur Kniltelsheim. Les Autrichiens, qui avaient commencé par se replier, tinrent ferme, et se battirent avec intrépidité ; mais ils furent enfoncés, et se jetèrent alors sur notre droite. Le général Ferrières, au lieu d'exécuter les ordres de Custines, s'était tenu sur la défensive. Les ennemis voyant son immobilité, portèrent leurs forces sur ce point, et l'attaquèrent vivement ; quelques pièces de notre artillerie légère s'étant jetées dans les rangs d'un régiment d'infanterie, y mirent le désordre. Les

Autrichiens en profitèrent, et nous forcèrent à reculer. Dès ce moment, Custines voyant son expédition manquée, et sa droite compromise, fit rentrer son armée dans sa première position derrière la Lauter, et remit le commandement de l'armée du Rhin au général Beauharnais, son successeur.

**Armée d'Helvétie.** *Le 17 mai* 1798. Après un combat, le général Schawenbourg s'empare de Sion sur les Autrichiens.

*Le 17 mai* 1801. COMBAT DE THÉRANÉ.

**Egypte.** Le chef de brigade des dromadaires Cavalier, étant parti d'Alexandrie avec un détachement de quatre cents hommes et six cents chameaux pour procurer des vivres à l'armée, est attaqué, le 17 mai, par le général anglais Doyle, et par une nuée de Turcs et d'Arabes; il se défendit courageusement; mais accablé par le nombre, il fut obligé de se rendre sous condition d'être ramené en France avec les troupes sous ses ordres.

*Le 17 mai* 1809. DÉBLOCUS DE LUGO.

**Espagne.** Le maréchal Soult venait d'évacuer le Portugal, en échappant à lord Wellington par une savante retraite, devant une armée triple et dans un pays insurgé, lorsqu'il arriva en Galice devant Lugo, défendu par les Français et bloqué par le général Mahi, à la tête de vingt-cinq mille hommes ; la place, commandée par le général Fournier, dépourvue de vivres, était dans la position la plus critique, lorsque le maréchal, par son arrivée, fit lever le blocus par les Espagnols, qui, malgré leur nombre, n'osèrent pas s'exposer à une défaite. Ainsi le maréchal Soult termina glorieusement une retraite dans laquelle les fautes du général anglais furent encore plus grandes que les manœuvres du général français ne furent habiles.

## *Le 17 mai* 1809. COMBAT D'URFAR.

Pendant que le gros de l'armée française marchait sur Vienne, le général Vandamme était resté en position au pont de Lintz sur le Danube, observant la Bohême. Le 17 mai, trois colonnes autrichiennes l'attaquèrent au village d'Urfar, en avant de Lintz. Vandamme, à la tête des troupes wurtembergeoises et saxonnes, s'élance sur l'ennemi, le met en déroute et lui fait éprouver une perte de sept cents hommes et de six pièces de canon (1).

Autriche.

(1) Afin de n'omettre aucun fait glorieux pour nos généraux,

## *Le 17 mai 1809.* PRISE DE MALBORGHETTO ET COMBAT DE TARVIS.

*Italie.* Après le passage du Tagliamento et le combat de Saint-Daniel, l'armée autrichienne prit position à Tarvis, derrière le fort Malborghetto, qu'elle fit défendre par six cents hommes et dix bouches à feu. Le 17 mai au matin, le prince Eugène fit attaquer ce fort par l'armée d'Italie ; après une vive canonnade, l'assaut fut ordonné, et Malborghetto capitula. Le général Pacthod sauta un des premiers dans les retranchemens ; les grenadiers et voltigeurs des 1er, 52e, 62e et 102e régimens d'infanterie légère se distinguèrent particulièrement dans cette audacieuse attaque.

Après la prise de Malborghetto, l'armée aborda l'ennemi dans sa position de Tarvis, où il s'était retranché. L'artillerie n'était pas encore arrivée ; mais les généraux Abbé et Valentin, attaquant de front, et le général Fontanelli par la gauche et à la baïonnette, surent s'en passer.

nous serons souvent obligés, dans nos Ephémérides, de parler des combats livrés par des troupes étrangères, alors nos alliés, et que les généraux français conduisaient à la victoire.

Malgré leurs retranchemens, les Autrichiens furent enfoncés et laissèrent sur la place trois mille prisonniers et dix-sept pièces de canon.

*Le 17 mai* 1809. COMBAT DE GRADSCHATZ.

Battue au mont Kitta, dépostée de toutes ses positions par l'armée de Dalmatie, l'armée autrichienne se retirait sur Gradschatz, lorsqu'atteinte le soir du 17 mai par le duc de Raguse, elle fut obligée de soutenir un combat opiniâtre pour protéger sa continuelle retraite. Battue de nouveau, elle évacua Gradschatz pendant la nuit. Le duc de Raguse resta constamment sur le champ de bataille, malgré un coup de feu qu'il reçut à la poitrine au milieu du combat.

Croatie.

~~~~~~~~~

*Le 18 mai* 1794. BATAILLE DE TOURCOING.

Au mois d'avril 1794, les alliés s'étant aperçus des projets de Pichegru sur la Flandre, résolurent de les faire échouer en coupant les communications sur Lille aux cinquante mille hommes que commandaient les généraux Souham et Moreau, et qui occupaient Menin et Courtrai. Les forces réunies des Autrichiens

Armée du Nord.
~~~~~~~~~

et des Anglais, sur ce point, s'élevaient à près de quatre-vingt dix mille hommes.

L'empereur François, que le refus du duc d'York de servir sous le prince de Cobourg avait appelé à l'armée coalisée, était arrivé à Tournai. Ce fut alors que le conseil des généraux alliés prit la résolution de marcher à l'armée française.

Le général Clairfait, déjà battu par les Français, occupait la position de Thielt : il reçut l'ordre de se porter en avant par Warwick, et de couper la route de Lille à Courtrai. Le duc d'York partit des environs de Tournay, et marcha sur Lannoi et Tourcoing dans un semblable dessein. Le prince Charles, alors sous les ordres du prince de Cobourg, partant également de Tournay, fit un détour, et par Pont-à-Marque et Bouvinne se porta sur la division du général Bonneau, qui occupait le camp de Sainghin, afin de la rejeter sur Lille, et de l'empêcher de maintenir les communications avec Courtrai. Une autre colonne, débouchant par Espierre, devait attaquer les Français dans leurs positions de Moëscroen, déjà célèbre par un combat qui s'y était livré le 29 avril dernier.

Attaqués ainsi de tous côtés par des forces

imposantes, les Français ne pouvaient, selon l'opinion des ennemis, résister au choc, et ce qu'ils appelaient *leur plan de destruction* leur paraissait d'une exécution immenquable. Un autre motif augmentait encore la confiance qu'ils avaient en ce plan. Pichegru, commandant l'armée française, avait quitté son aile gauche pour aller sur la Sambre diriger les opérations de l'aile droite, dont les attaques n'avaient pas été heureuses. Son absence leur parut d'un favorable augure. Ils apprirent, à leurs dépens, que plus d'un général français avaient les talens d'un général en chef. Les généraux Souham et Moreau, instruits des mouvemens de l'armée ennemie, quittèrent leurs positions, et se portèrent sur Tourcoing, pour conserver leur communication avec Lille.

Le 17 mai, les troupes alliées qui se portèrent sur Moëscroen furent reçues à la baïonnette, et repoussées au loin. Le général Clairfait, au lieu d'arriver le 17 sur la route de Courtrai à Lille, n'arriva à Lincelles que le 18, ayant éprouvé une vive résistance au pont de Warwick sur la Lys, et par cela même ne put faire sa jonction le 17 avec le duc d'York, qui était arrivé à Tourcoing ce jour-là. Le général Souham profita de la faute de Clairfait, afin de faire parvenir ses instructions au général Bonneau ; et trouvant libre la route de Menin à Lille, il se porta sur Tourcoing.

Le 18 au matin, le général Moreau resta sur la route de Menin à Lille, afin d'y tenir Clairfait en échec. Le général Souham marcha sur Tourcoing, et le général Bonneau, après avoir laissé quelques troupes devant le prince Charles, se porta vers Lannoi, derrière et sur le flanc droit du duc d'York.

Le général Moreau attaqua, dès le matin, le général Clairfait dans sa position de Lincelles. Les Autrichiens, plus nombreux, repoussèrent d'abord les Français ; mais ceux-ci ayant pris une nouvelle position, s'y maintinrent toute la journée avec opiniâtreté. Le général Souham emporta Tourcoing de vive force, et prolongeant sa gauche, il menaça le flanc droit des Anglais. Ceux-ci, pris à dos en même tems par le général Bonneau, se battirent avec un grand courage, et résistèrent long-tems à l'effort de nos troupes ; mais enfin, enfoncées de toutes parts, et craignant pour leur retraite, ils furent mis dans une épouvantable déroute. Le duc d'York lui-même manqua être pris, et ne dut son salut qu'à la vîtesse de son cheval et au courage d'une compagnie hessoise, qui, seule encore, soutenait la retraite.

Le général Clairfait, apprenant que les Français s'étaient emparés de Tourcoing, se retira précipitamment dans sa position de Thielt, et le prince Charles, craignant d'être compromis à Sainghin, rétrograda sur Tournay, où déjà le corps du duc d'York avait porté l'alarme et causé le départ de l'empereur pour Bruxelles.

Dans cette journée, qui couvrit de gloire le général Souham et commença à faire distinguer le général Moreau, les alliés perdirent une grande quantité de bagages, soixante pièces de canon, deux drapeaux et quinze cents prisonniers.

L'impossibilité où s'était trouvé Clairfait d'arriver vers le 17 à Lincelles, ou son imprévoyance, la faute que fit le prince Charles de ne point suivre Bonneau en culbutant le faible corps que ce général avait laissé près de Sainghin, les habiles dispositions du général Souham, et la bravoure française, furent les causes qui firent perdre la bataille aux alliés.

## *Le 18 mai* 1793. COMBAT DE THUIR.

**Pyrénées orientales.**    Les Espagnols attaquent les Français dans leur position de Thuir, couvrant Perpignan, et les repoussent.

**Pyrénées occidentales.**    *Le 18 mai* 1794. Le général Muller, commandant l'armée des Pyrénées occidentales, fait attaquer les Espagnols au poste du Rocher ; ils sont mis en déroute, et poursuivis jusque dans leur camp de Berra.

## *Le 18 mai* 1800. PRISE D'AOSTE.

**Piémont.**    L'armée de réserve organisée à Dijon par les soins du général Berthier entre en campagne sous ses ordres, et, avant l'arrivée du premier consul, passe le Saint-Bernard. Le général Lannes ayant rencontré les Autrichiens près d'Aoste, les attaque, et s'empare de la ville. Ainsi commença par une victoire la mémorable campagne de Marengo.

## *Le 18 mai* 1809. COMBAT DE GALLEGOS.

**Espagne.**    Le maréchal Ney, duc d'Elchingen, se portant sur Oviédo dans les Asturies, passe la Narcea et déposte les Espagnols du pont de Gallegos.

*Le* 19 *mai* 1794. Le général Augereau at-taque les Espagnols près de Figuières, et leur fait trois cents prisonniers.

Pyrénées orientales.

*Le* 19 *mai* 1800. Après s'être emparé d'Aoste, le général Lannes bat les Autrichiens à Châtillon et prend la ville.

Piémont.

*Le* 19 *mai* 1809. Pendant que l'armée française marchait sur Vienne, le maréchal duc de Dantzick était entré en Tirol. Après avoir battu plusieurs fois les Autrichiens, il entra le 19 dans Inspruck, capitale de cette province.

Tirol.

*Le* 19 *mai* 1809. L'adjudant-commandant Barthelemy, chef d'état-major du général Kellermann, attaque les Espagnols sur les hauteurs de Pagarès, leur tue ou prend quatre cents hommes, et s'empare de Pagarès.

Espagne.

*Le* 19 *mai* 1809. Après le combat de Gallegos, le maréchal Ney marche sur Oviédo, capitale des Asturies, en chasse le marquis de la Romana et le général Mahi, et entre dans cette ville.

Espagne.

*Le* 19 *mai* 1813. COMBATS DE WEISSIG ET DE KOENIGSWARTHA.

Après avoir passé l'Elbe à Dresde, l'armée

Saxe.

française se porta sur l'ennemi, qui prit position près de Bautzen. Le 10 mai, le général
Pery, commandant une division italienne du
corps d'armée du général Bertrand, qui tenait
notre gauche, est attaqué par un corps nombreux d'ennemis dans le village de Kœnigs-
warta, et laisse en leur pouvoir deux pièces
de canon et huit cents hommes, parmi les-
quels le général Balathier, déjà blessé.

L'avant-garde du maréchal Ney, sous les
ordres du général Lauriston, marchant pour
faire sa jonction avec le général Bertrand, attaque les Prussiens au village de Weissig, et,
après un combat opiniâtre, s'en rend maître.
Le comte de Valmi s'étant porté avec sa cavalerie sur Kœnigswartha, l'ennemi l'évacua,
et nos troupes y prirent position. Ces deux
combats du 19 n'étaient que le prélude de la
sanglante bataille qui allait se livrer sur le
même terrain les 20 et 21 mai.

<div style="text-align:center">~~~~~~~~~~</div>

*Le 20 mai* 1813. COMBAT DE BAUTZEN.

Saxe.

Napoléon, qui depuis le 8 mai était resté
à Dresde, ayant appris que l'armée ennemie
paraissait vouloir tenter encore le sort des
batailles, et que, dans ce dessein, elle prenait

position, partit le 18, et arriva le 19 à une lieue en arrière de Bautzen.

Les alliés étaient sur la rive droite de la Sprée, occupant Bautzen, leur gauche appuyée aux montagnes de la Bohême, et leur droite s'étendant le long de la rivière. Le maréchal Oudinot commandait la droite de l'armée française ; le duc de Tarente en face de Bautzen, et le duc de Raguse tenait le centre. Le maréchal Ney, avec quarante mille hommes, ayant sous ses ordres les généraux Lauriston et Régnier, était à la gauche, devant déborder et tourner l'aile droite des ennemis.

Napóléon, ayant reconnu le champ de bataille dans la matinée du 20, ordonna le combat vers midi. Le maréchal Macdonald trouva devant lui un pont sur la Sprée, l'emporta de vive force, tandis que le maréchal Marmont, après en avoir jeté un, passait aussi sur la rive droite de cette rivière. La canonnade et la fusillade s'étaient engagées sur toute la ligne ; l'ennemi résistait vigoureusement ; mais, vers les six heures du soir, le général Bonnet s'étant emparé du village de Niedkayn, et le général Compans ayant occupé Bautzen, après en avoir chassé les alliés, leur centre plia, et se retira une lieue derrière cette ville. La gauche fut obligée de suivre le mouvement du centre ; mais la droite resta dans sa même position , observant notre gauche. Le combat finit vers sept heures du soir , et les armées belligérantes passèrent la nuit à se préparer à une bataille inévitable et décisive.

On sera peut-être étonné qu'arrivé le 8 mai à Dresde , Napoléon ne mît pas plus d'activité à la poursuite de l'ennemi ; mais il suivait dans cette circonstance les règles de la prudence , dont il s'écarta tant d'autres fois. Après la bataille de Lutzen , ses divers corps d'armée avaient pris des routes divergentes pour effectuer le passage de l'Elbe ; il voulait attendre leur réunion avant de tenter une nouvelle attaque sérieuse sur les alliés , qui concentraient toutes leurs forces à mesure qu'ils se retiraient. Dans la journée du 21 , il fit l'expérience que toutes ses ressources lui étaient nécessaires pour vaincre , avec de jeunes soldats, un ennemi nombreux et aguerri.

*Le 20 mai* 1796. ARMISTICE ENTRE LE DUC DE MODÈNE ET LA RÉPUBLIQUE FRANÇAISE.

Italie.

Pendant que Bonaparte organisait le gouvernement de la Lombardie , une colonne de l'armée française s'était approchée de Modène, dont le souverain s'était enfui à Venise, emportant une cassette de vingt-trois millions en sequins. Ce duc de Modène, du nom d'Hercule III, et de la famille d'Est, était d'une avarice sordide. Il avait en outre placé ailleurs, et avant ce tems, une vingtaine de millions, sommes énormes pour un pays d'aussi peu d'étendue que le sien, et qu'il n'avait pu amasser que par les exactions les plus révoltantes. Il préféra cependant sacrifier quelques millions et revenir pressurer encore ses sujets, que de laisser ce soin aux Français. Il envoya en conséquence son frère, le commandeur Frédéric d'Est, au général en chef de l'armée républicaine, afin de traiter d'une suspension d'armes ; elle fut conclue le 20 mai, aux conditions suivantes :

Le duc de Modène devait envoyer des plénipotentiaires à Paris, demander la paix au directoire ; payer sept millions cinq cent mille livres ; fournir pour deux millions cinq cent mille livres de denrées et munitions de guerre, et livrer vingt de ses plus beaux tableaux ; à ce prix, il lui était permis de revenir dans ses Etats, et d'y jouir des avantages de la neutralité.

(1) On a prétendu que ce frère du duc de Modène était fils d'une Française, ancienne danseuse de l'Opéra.

## Le 20 mai 1796. PROCLAMATION DE BONAPARTE A L'ARMÉE D'ITALIE.

Italie.

Déjà fatigué de repos, le général Bonaparte se préparait à poursuivre ses succès ; avant de quitter Milan pour marcher aux Autrichiens, il adressa à son armée la proclamation suivante :

Soldats,

Vous vous êtes précipités comme un torrent du haut de l'Apennin ; vous avez culbuté, dispersé tout ce qui s'opposait à votre marche.

Le Piémont, délivré de la tyrannie autrichienne, s'est livré à ses sentimens naturels de paix et d'amitié pour la France.

Milan est à vous, et le pavillon républicain flotte dans toute la Lombardie. Les ducs de Parme et de Modène ne doivent leur existence politique qu'à votre générosité.

L'armée qui vous menaçait avec tant d'orgueil ne trouve plus de barrière qui la rassure contre votre courage. Le Pô, le Tessin, l'Adda, n'ont pu vous arrêter un seul jour ; ces boulevarts vantés de l'Italie ont été insuffisans, vous les avez franchis aussi rapidement que l'Apennin.

Tant de succès ont porté la joie dans le sein de la patrie ; vos représentans ont ordonné une fête dédiée à vos victoires, célébrée dans toutes les communes de la république. Là, vos pères, vos mères, vos épouses, vos sœurs, vos amantes, se réjouissent de vos succès, et se vantent avec orgueil de vous appartenir.

Oui, soldats, vous avez beaucoup fait.....; mais ne vous reste-t-il plus rien à faire ?.... Dira-t-on de nous que nous avons su vaincre, mais que nous n'avons pas su profiter de la victoire ? La postérité nous reprochera-t-elle d'avoir trouvé Capoue dans la Lombardie ?.... Mais je vous vois déjà courir aux armes ; un lâche repos vous fatigue ; les journées perdues pour la gloire le sont pour votre bonheur..... Hé bien! partons ; nous avons encore des marches forcées à faire, des ennemis à soumettre, des lauriers à cueillir, des injures à venger.

Que ceux qui ont aiguisé les poignards de la guerre civile en France, qui ont lâchement assassiné nos ministres, incendié nos vaisseaux à Toulon, tremblent..... l'heure de la vengeance a sonné.

Mais que les peuples soient sans inquiétudes ; nous sommes amis de tous les peuples, et plus particulièrement des descendans des Brutus, des Scipion et des grands hommes que nous avons pris pour modèles.

Rétablir le Capitole, y placer avec honneur les statues des héros qui le rendirent célèbre, réveiller le peuple romain, engourdi par plusieurs siècles d'esclavage : tel sera le fruit de vos victoires ; *elles feront époque dans la postérité* ; vous aurez la gloire immortelle de changer la face de la plus belle partie de l'Europe.

Le peuple français libre, respecté du monde entier, donnera à l'Europe une paix glorieuse qui l'indemnisera des sacrifices de toute espèce qu'il a faits depuis six ans ; vous rentrerez alors dans vos foyers, et vos concitoyens diront, en vous montrant : *Il était de l'armée d'Italie !....*

*Le* 20 *mai* 1794. Le général Desjardins, commandant un corps de l'armée des Ardennes, attaque l'ennemi dans la position de Lobbes, et le repousse après un combat de six heures.

*Le* 21 *mai* 1813. **BATAILLE DE WURTCHEN.**



Le 21 mai, au lever du soleil, les Français aperçurent l'armée alliée à une lieue en arrière de Bautzen, couronnant les hauteurs de Wurtchen, et occupant un champ de bataille préparé et fortifié d'avance, de près de deux lieues d'étendue. Leur gauche appuyait à des sommets de montagnes impraticables, et leur droite à des hauteurs d'un difficile accès ; l'armée française était dans le même ordre que la veille au combat de Bautzen, excepté que le maréchal Soult avait pris le commandement du corps du général Bertrand. La garde impériale et la réserve, placées derrière un rideau vers le centre, étaient cachées à l'ennemi, et pouvaient se porter vers la droite ou la gauche, selon les vicissitudes que présenterait la journée. La canonnade s'engagea à huit heures du matin. Napoléon, qui voulait empêcher l'ennemi de dégarnir sa gauche pour secourir sa droite, sur laquelle il avait ses projets, la fit attaquer vivement par le maréchal Oudinot. Les hauteurs sur lesquelles on combattait furent prises et reprises plusieurs fois par les deux partis ; vers onze heures, le duc de Raguse se porta sur les retranchemens du front des alliés, et jusqu'à leurs redoutes. Pendant ce tems, le prince de la Moskowa passa la Sprée, culbuta l'ennemi au village de Preilitz, et tourna son flanc droit. Les alliés, rassurés sur leur front, que les retranchemens leur faisaient croire inexpugnable, portèrent toute leur réserve, qui n'était pas encore engagée, sur leur flanc menacé, et la placèrent en équerre de telle manière que l'angle formé par cette manœuvre devint le centre de leur ligne de bataille. Napoléon, qui regardait comme décisif le mouvement du maréchal Ney, le voyant arrêté par la réserve de l'ennemi, porta alors toute la sienne sur la droite des alliés, devenue leur centre ; c'était là l'instant de frapper de grands coups ; déjà le duc de Dalmatie avait abordé les retranchemens, et s'était emparé d'une hauteur. Les généraux Drouot, Dulauloy et Devaux établissent des batteries qui foudroyaient les mamelons où s'appuient les ennemis ; l'angle formé par leur réserve, comme le point faible, est écrasé par une grêle de projectiles ; la division Morand , la division wurtembergeoise , et le duc de Trévise avec la jeune garde , s'élancent sur les retranchemens et les attaquent à la baïonnette. Les alliés voient leur centre prêt à être enfoncé ; n'ayant plus de troupes disponibles , ils ne peuvent le faire soutenir ; craignant alors pour leur centre et pour leur droite , qu'ils ne peuvent dégarnir , sans l'exposer à être culbutée par le maréchal Ney , ils sont dans le plus grand danger. Pour éviter une déroute complète , inévitable , ils commencent aussitôt leur retraite : elle s'effectua précipitamment , mais avec quelque ordre ; la gauche de l'ennemi seulement , pressée par le duc de Tarente et menacée sur son flanc droit par le duc de Raguse , fut mise en déroute ; l'armée alliée se retira sur Reichenbach , et le maréchal Ney prit position à sept heures du soir à Wurtchen , où avait été le quartier-général de l'empereur Alexandre. L'armée française déploya une grande audace pendant toute cette journée. Sa perte fut considérable ; celle des ennemis le fut presque autant , malgré les nombreux retranchemens dont ils s'étaient couverts. Nous ne leurs fîmes que quelques centaines de prisonniers.

‘ Ainsi donc les alliés, qui n'avaient pû nous vaincre dans les plaines de Lützen, malgré leur nombreuse cavalerie, ne purent nous résister derrière leurs retranchemens ; et dans un pays difficultueux. Leur cavalerie, qui ne put se déployer, ne leur fut presque d'aucun secours.

*Le 21 mai* 1799. LEVÉE DU SIÉGE DE SAINT-JEAN D'ACRE.

Ibrahim-Bey, chassé d'Egypte par les armes françaises, s'était retiré en Syrie, chez le pacha de Saint-Jean d'Acre, Achmet-Djezzar (1), d'où il entretenait sur la frontière des intelligences inquiétantes pour l'armée. Bonaparte fit inviter Djezzar à renvoyer Ibrahim, le menaçant de la guerre, s'il le refusait. Pour toute réponse, le pacha fit couper la tête au porteur de la lettre, réunit son armée, appela à son secours les pachas de Damas et d'Alep, et s'empara du fort d'El-Arisch. Le général français, voyant qu'il allait être attaqué en Egypte, préféra prendre l'initiative, et se prépara à marcher en Syrie. A cet effet, il réunit un corps de treize mille hommes, où commandaient les

Syrie.

_______

(1) Djezzar signifie *boucher,* surnom que ce pacha s'était acquis par ses cruautés.

généraux Kleber, Damas, Verdier, Junot, Reignier, Lagrange, Lannes, Murat, Vaux, Robin, Rambeaux, Bon, Vial, Rampon, Caffarelli et Dommartin, et partit du Kaire le 11 février 1799.

Plusieurs combats, dont nous rendrons compte aux époques où ils eurent lieu, furent livrés par l'armée d'expédition avant d'arriver devant Acre. Le fort El-Arisch fut repris, et Jaffa, assiégé, fut pris et saccagé. Le 16 mars, l'armée arriva devant Saint-Jean d'Acre. Le 19, le général Caffarelli fit la reconnaissance de la place, et l'on commença sur-le-champ les opérations du siége.

Saint-Jean d'Acre, l'ancienne Ptolémaïde, célèbre dans les tems des croisades, est une place de troisième ordre, sans fortifications régulières, et située sur le bord de la mer, qui la défend vers l'ouest. Djezzar-Pacha y était renfermé, résolu de s'enterrer sous ses ruines. Deux vaisseaux anglais, commandés par le commodore Sidney-Smith, étaient embossés sous ses murs, et canonnaient vivement l'armée française. Si la place eût été attaquée selon les principes de l'art, nul doute qu'elle ne fût bientôt tombée au pouvoir des Français; mais Bonaparte, accoutumé à brusquer la victoiré en toute circonstance, s'imagina pouvoir réussir encore ici par le même moyen. Il se trompa ; son imprudence et sa précipitation allaient suspendre le cours de ses succès, et faire éprouver un échec à sa gloire. Il n'avait avec lui que trois pièces de douze ; le contre-amiral Perrée devait sortir d'Alexandrie, et amener de l'artillerie de siége. Sans vouloir l'attendre, il fit construire à la hâte un mauvais chemin couvert, insuffisant pour couvrir les travailleurs, qui étaient obligés de s'y tenir courbés ; établir un simple boyau de mine, et, sans s'assurer davantage qu'elle fût abordable, il fit battre en brèche une tour qui s'élevait sur un angle saillant vis-à-vis le camp de l'armée. Ce point se trouva être le plus fort de la place ; et lorsque le 28 mars les grenadiers de la 69ᵉ demi-brigade se présentèrent à la brèche, qu'on avait jugée praticable, ils trouvèrent un fossé profond qu'on n'avait pas reconnu ; la mine n'avait pas non plus fait d'effet sur les ouvrages ; et lors-qu'au moyen d'échelles ils furent arrivés au pied de la brèche, elles se trouvèrent trop courtes. Cependant, irrités par les difficultés mêmes, nos soldats se hissent les uns sur les autres, et parviennent dans la tour, malgré

le feu des assiégés. Ils la trouvent abandon-
née, et n'offrant d'issue nulle part. Lorsqu'ils délibéraient sur la conduite à tenir,
une fougasse, placée sous le plancher de la
tour, fit sauter ceux qui venaient de l'escala-
der. Tous y périrent.

Les Turcs et les Anglais qui, d'abord, n'a-
vaient pas supposé que Saint-Jean d'Acre pût
tenir long-tems, furent étonnés du peu de succès de nos attaques, et dès-lors ils prirent
toutes les mesures qui pouvaient paralyser nos
efforts. L'anglais Smith fit servir les batteries
de la place par les canonniers anglais, et le
nommé Phelippeaux (1), ancien ingénieur
français, dirigea la défense. Le 30 mars, les assiégés firent une sortie qui fut sans effet, et le
1er avril les Français tentèrent un nouvel assaut, aussi infructueux que le premier.

Le siége de cette bicoque, que l'on avait cru
emporter en peu de jours, traînait en longueur ; l'artillerie de siége n'arrivait pas ; les
munitions étaient épuisées, et les vivres commençaient à manquer. Les assiégés, voyant que
nous mollissions dans nos attaques, en profitè-

____

(1) Le même que nous avons vu au 3 avril faire révolter les
habitans du Berri.

rent pour détruire nos ouvrages et en élever d'autres. Ce fut à cette époque, qu'inquiété sur ses derrières, Bonaparte marcha contre l'armée des pachas. L'ayant dispersée au mont Thabor, il revint devant Saint-Jean d'Acre reprendre les travaux du siége ; mais déjà l'on pouvait prédire qu'il devait y échouer. Cependant un instant on crut à un heureux succès. L'amiral Perrée était arrivé avec quelques canons de siége : on les transporta aussitôt au camp, et on renouvela l'attaque sur la tour. Le général Caffarelli, dans cette attaque, reçut une balle au coude dans le chemin couvert qu'il avait construit ; on lui fit l'amputation du bras, et il mourut quelques jours après.

Lorsque les pièces de gros calibre furent en batterie, on battit de nouveau en brèche avec une telle vivacité, que les munitions s'épuisèrent bientôt sans que pour cela la brèche devînt praticable. Les Turcs se battaient avec l'acharnement le plus opiniâtre, et nos troupes commençaient à sentir refroidir leur ardeur, rebutées par de si nombreuses et de si meurtrières attaques ; on murmurait même déjà contre le général en chef, dont on accusait l'imprudence et la fortune, qui le trahissait pour la première fois.

Le 7 mai, une flotte turque, apportant des vivres et des troupes aux assiégés, parut en vue d'Acre. Bonaparte, qui avait reçu de la poudre de Gaza, ne voulant pas donner le tems aux Turcs de recevoir ce renfort, ordonna l'assaut pour la nuit même. Il fut terrible : généraux et soldats se jetèrent avec impétuosité dans les tranchées ennemies ; un grand nombre y perdit la vie, mais on fit un carnage affreux de tous les Turcs qu'on y trouva, et une partie de nos troupes se logea sur les ruines de la tour, où elle combattit jusqu'au jour. On recommence alors le combat avec un nouvel acharnement ; l'armée se précipite dans les fossés, et au pas de charge escalade la brèche ; mais une seconde enceinte arrête tous ses efforts, deux cents grenadiers seulement, de la division Lannes, parviennent à pénétrer dans la ville, malgré une grêle de balles qui partaient de toutes les maisons ; c'en était fait de Saint-Jean d'Acre, si ces braves eussent été secourus. Mais tout-à-coup on entend un cri d'épouvante : *sauve qui peut! nous sommes tournés*, crie une voix ennemie (1). Ceux qui sont restés sur le rempart rétrogradent, en-

_______

(1) On a dit que ce furent Phelippeaux et Sidney-Smith qui firent entendre ce cri.

traînent dans le camp ceux qui les suivaient, et les deux cents grenadiers restent seuls au milieu de la ville. Ils savent qu'ils vont périr, mais ils veulent vendre chèrement leur vie. Ils gagnent une mosquée, s'y barricadent, et là ils soutiennent un siége. Mais Sidney-Smith leur ayant fait sentir toute l'inutilité d'une pareille défense, ces braves gens, dignes d'un meilleur sort, se rendirent prisonniers des Anglais.

Les jours suivans, de nouvelles tentatives furent faites sur la place, mais inutilement; le dernier assaut, qui n'eut pas de résultats plus heureux, fut donné le 10 mai. Le colonel Venoux, de la 25ᵉ demi-brigade, allant à la brèche, dit au général Murat : « Si Acre n'est pas pris ce soir, tu peux dire que Venoux est mort. » Acre ne fut pas pris et Venoux ne revint pas (1).

Ce fut ce jour que les ennemis répandirent parmi nos troupes des proclamations signées du grand-visir et de Sidney-Smith, par lesquelles ils invitaient les Français à la désertion. A ces lâches propositions, une noble indignation éclata dans l'armée; elle voulait y répondre par un nouvel assaut, mais Bona-

(1) Ces détails sont tirés de l'excellent ouvrage de M. Martin sur l'expédition d'Egypte et du recueil des pièces officielles.

parte, à qui les attaques précédentes avaient enfin démontré la faute qu'il avait commise de ne pas conduire ce siége avec plus d'art et de prudence, ne voulut pas s'exposer à faire de nouvelles pertes. Son armée était diminuée de moitié; il avait appris qu'une armée turque allait suivre le convoi entré dans Acre; l'armée des pachas, dispersée au mont Thabor, se réunissait de nouveau; il résolut alors de lever le siége, et après avoir jeté à la mer la grosse artillerie, il effectua sa retraite sur l'Egypte le 21 mai, au milieu de la nuit.

C'est ainsi que se termina cette meurtrière expédition de Syrie, entreprise imprudemment, imprudemment conduite, et continuée avec une obstination déplorable. L'armée y déploya le plus héroïque courage, et l'échec qu'elle éprouva devant Saint-Jean d'Acre n'est pas un de ses moindres titres de gloire (1).

(1) On a dit que le général Bonaparte, ne pouvant amener ses blessés, les fit empoisonner avec de l'opium pour les soustraire à la mort affreuse que les Turcs allaient leur faire souffrir. Ce fait n'est pas assez prouvé pour qu'on puisse l'affirmer; il a été même réfuté avec quelque vraisemblance. Dans l'alternative, et pour l'honneur de l'humanité, nous ne devons pas y ajouter foi. D'ailleurs, en supposant cette horrible idée à Bonaparte, qui cependant hors des champs de bataille ne se montra point sanguinaire, comment aurait-il pu trouver un exécuteur qui prît sur lui une aussi terrible responsabilité.

*Le* 21 *mai* 1800. Le général Lechi, commandant un corps de l'armée de réserve sous les ordres du général Berthier, après le passage du Saint-Bernard, se dirige sur la vallée de la Sésia ; il rencontre à Varallo six cents Autrichiens et les repousse sur le lac Orta. — Piémont.

*Le* 21 *mai* 1792. Le maréchal de Rochambeau bat les Autrichiens près de Maulde. — Armée du Nord.

*Le* 21 *mai* 1809. Le maréchal Marmont, après le combat de Gratzchatz, bat encore les Autrichiens à Gospich. — Croatie.

*Le* 21 *mai* 1811. Le maréchal Suchet bat à Alcover, près Tarragone, le général Sarsfield. — Espagne.

*Le* 22 *mai* 1809. BATAILLE D'ESLING.

Après les batailles d'Ekmühl et de Ratisbonne, l'armée autrichienne s'était repliée sur Vienne, par les deux rives du Danube. L'armée française, comme nous l'avons vu, la poursuivit par la rive droite, entra le 12 mai dans la capitale de l'Autriche, et essaya aussitôt de passer le fleuve pour marcher à l'ennemi, retiré en entier sur la rive gauche. — Autriche.

9

A deux lieues au-dessous de Vienne, vis-à-vis Ebersdorff, sur la rive droite, deux îles séparent en trois branches les eaux du Danube. Ce point fut choisi pour établir un pont. Dès le 18 mai, les matériaux nécessaires ayant été réunis, la division du général Molitor passa dans l'île de Lobau, séparée de la rive gauche par le dernier bras, dans des bateaux à rames ; et, le 19, les ponts sur le premier et sur le second bras furent achevés. Le 20, par un troisième pont, on aborda la rive gauche, et les généraux Molitor, Lasalle et Boudet passèrent pendant la nuit le dernier bras, avec leurs divisions.

Le 21, l'armée continua à filer sur la rive gauche, mais lentement ; la fragilité des ponts ne permettant pas plus de célérité dans sa marche.

L'ennemi, jusque là, n'avait inquiété ni nos travaux, ni le passage du dernier bras : placé à une lieue au-dessus de nos ponts, il ne s'était pas encore montré ; et, sans obstacles, il nous avait laissé aborder son terrain. Cette inactivité apparente, dans un moment aussi important, indiquait assez quelque embûche de sa part. Soit qu'aveuglé, Napoléon ne s'en aperçut pas, soit que, plutôt, il comptât sur le cou-

rage de son armée pour vaincre tous les obstacles, nulles précautions ne furent prises pour
assurer nos communications avec la rive droite.

Vers les quatre heures du soir, l'ennemi
parut enfin ; et notre avant-garde, la droite
placée au village d'Esling, et la gauche à celui
de Gross-Aspern, fut aussitôt attaquée : quatre-
vingt-dix mille Autrichiens , et deux cents
pièces de canon, heurtèrent en même tems
toute notre ligne , forte seulement de trente-
cinq mille hommes. On combattit vivement,
de part et d'autre , jusqu'à la nuit ; notre cavalerie fit plusieurs belles charges et prit quatorze pièces de canon. Ce fut dans l'une d'elles
que fut tué le général d'Espagne , commandant une division de cuirassiers. Malgré leur
immense supériorité , les Autrichiens ne purent gagner de terrain ; le maréchal Massena,
défendant le village d'Aspern , le maréchal
Lannes , celui d'Esling , se maintinrent dans
leurs positions , et nous conservâmes intact
notre champ de bataille.

Dans la nuit du 21 au 22 , de nouvelles
troupes passèrent sur la rive gauche , et le
22 nous avions de quarante-cinq à cinquante
mille hommes sur cette rive.

A quatre heures du matin , l'armée autrichienne s'ébranla , nous attaqua sur toute la ligne , et profitant de sa supériorité numérique , étendit ses ailes afin de nous déborder. Napoléon profite alors habilement de ce mouvement de l'ennemi, qui, en affaiblissant son centre , donne la possibilité de le percer. Le duc de Montebello , à la tête du corps des grenadiers réunis que commandait le général Oudinot , des divisions Saint-Hilaire et Boudet , quitte la défensive et tombe sur les Autrichiens. Dans ce moment le duc d'Istrie faisait charger la cavalerie , et le maréchal Massena attaquait sur notre gauche ; ce terrible choc arrête l'ennemi sur ses ailes , et le fait plier sur son centre : il perd du terrain , et bientôt son mouvement rétrograde prend l'aspect d'une retraite ; un effort de plus , et cette retraite va se changer en une déroute complète. Il est neuf heures ; de tous côtés nos soldats demandent des cartouches , et notre artillerie des boulets , pour achever la victoire; il n'y a plus ni boulets , ni cartouches ; c'est en vain qu'on en cherche de tous côtés; les ponts sur le Danube sont rompus , et nous n'avons plus de communication avec la rive droite , ou sont restés nos parcs de réserve et une partie de l'armée.

Les stratagêmes et les ruses de guerre sont les armes du faible ; le prince Charles y avait eu recours, ne pouvant nous vaincre à force ouverte. Pendant que sur la rive droite nous faisions nos préparatifs de passage, lui, sur la rive gauche, avait fait préparer de gros bateaux chargés de pierres, de pesans radeaux, de nombreux brûlots, et jusqu'à des moulins placés sur le fleuve, qu'il fit détacher prêts à être lancés. Malgré le rapprochement des lieux, ces préparatifs de l'ennemi nous restèrent inconnus, et aucune estacade ne fut placée pour couvrir les approches de nos ponts. Lorsque l'archiduc s'aperçut que la moitié de l'armée française était sur la rive gauche, il laissa aller au gré du courant toutes ces machines préparées, qui, venant heurter les deux ponts qui joignaient l'isle Lobau à la rive droite, les rompirent et les détruisirent de manière à rendre impossible toute communication d'une rive à l'autre. Faisant alors un grand effort de toute son armée, le général ennemi crut avoir bon marché de nos troupes, restées sur la rive gauche sans munitions, et il comptait déjà les noyer dans le Danube, ou les forcer à capituler ; mais il ne sut pas achever de vaincre, et la valeur française lui arracha le plus glorieux succès qui puisse illustrer un grand capitaine.

Dès que Napoléon eût appris la rupture des ponts, il arrêta l'offensive et borna tous ses efforts à se maintenir dans ses positions. Ce fut en vain que les Autrichiens, instruits de l'événement et ralliés, nous attaquèrent incessamment depuis neuf heures du matin jusqu'à neuf heures du soir ; trois fois attaqués, les villages d'Esling et de Gross-Aspern restèrent toujours en notre pouvoir, encombrés de cadavres autrichiens. Enfin, vers neuf heures du soir, le feu de l'ennemi cessa ; le nôtre était déjà éteint, et nous ne combattions presque plus qu'à l'arme blanche.

L'armée resta dans sa position pendant la nuit, et le 23 au matin Napoléon, ayant reconnu l'impossibilité de rétablir promptement les ponts, la fit passer de la rive gauche dans l'île de Lobau, où aussitôt on travailla à des retranchemens pour se garantir des tentatives de l'enemi, qui ne s'était que faiblement opposé au passage dans l'île.

On peut se demander, maintenant, comment il se fit qu'un général exercé, habile même, qui avait si heureusement employé un adroit stratagême pour placer son ennemi

entre une armée deux fois plus nombreuse et
un fleuve de quatre cents toises de large , ne
profita pas de ce premier succès pour l'écra-
ser ; chose d'autant plus facile que cet ennemi
ne pouvait être secouru , et manquait de munitions pour se défendre. Si à Esling le prince
Charles n'eût point commis une faute aussi
capitale, l'empire d'Autriche était sauvé, et
l'empire français pouvait finir là ; car telle
était son instabilité qu'à chaque nouvelle bataille son existence était remise en question.
La faute fut commise, et l'Autriche s'humi-
lia de nouveau ; exemple attristant de l'influence que peuvent avoir , sur la destinée
des peuples , les fautes d'un seul homme.

La perte des Autrichiens fut considérable ; ils eurent de huit à neuf mille hommes
tués ou blessés. Nous leur prîmes quelques
pièces de canon, quatre drapeaux , un officier-
général , et mille à onze cents prisonniers.
Notre perte ne fut pas moindre en tués et
blessés. Le général de division comte de Saint-
Hilaire eut la jambe cassée et mourut peu de
tems après des suites de sa blessure. Mais la
perte la plus considérable , la plus doulou-
reuse pour l'armée française, fut celle du
maréchal Lannes , duc de Montebello , qui,

le 22 au soir, vers les six heures, eut une cuisse emportée par un boulet. Napoléon apprenant cette nouvelle, s'écria : « Il fallait » que, dans cette journée, mon cœur fût » frappé par un coup aussi sensible pour que » je pusse m'abandonner à d'autres soins qu'à » ceux de mon armée. » Le duc de Montebello, revenant de son évanouissement, lui dit : « Dans une heure vous aurez perdu celui » qui meurt avec la gloire et la conviction » d'avoir été et d'être votre meilleur ami. » On lui fit l'amputation, et, transporté à Vienne, il y mourut le 31 mai suivant.

La ville de Lectoure, dans le département du Gers, se glorifie d'avoir vu naître le maréchal Lannes ; il partit comme volontaire dans le département du Gers, lorsque les insolentes proclamations du duc de Brunswick appelèrent aux armes la jeunesse française. Nommé sergent-major, il devint bientôt officier, et s'étant souvent distingué à l'armée des Pyrénées orientales, il parvint rapidement au grade de chef de brigade. Réformé par un gouvernement qui punissait ses meilleurs défenseurs, il resta quelque tems sans emploi. Lorsque Bonaparte prit le commandement de l'armée d'Italie, Lannes fut se présenter à cette armée comme simple volontaire. Son mérite ne pouvait être méconnu : le nouveau général en chef l'employa comme adjudant-général. Nous l'avons vu aux batailles de Montenotte, de Millesimo, au combat de Dégo, justifier par sa bravoure le choix de Bonaparte, dont il devait devenir un des plus habiles lieutenans. Il passa le Pô le premier de l'armée, se distingua au combat de Fombio, et à Lodi il fut du nombre des intrépides généraux qui s'élancèrent sur le pont à la tête des troupes. Nommé général de brigade après la prise de Pavie, qui s'était révoltée et qu'il soumit le premier, il suivit l'armée au siége de Mantoue ; là, avec six cents grenadiers, il enlève à la baïonnette le faubourg Saint-Georges, défendu par de nombreux ennemis. Quoique blessé au combat de Governo, il ne quitta point l'armée ; blessé de nouveau, mais plus sérieusement, devant Arcole, il était souffrant, étendu sur un lit, lorsqu'il apprend que le combat est terrible, et qu'on ne peut forcer le passage du pont ; il sort de son lit malgré ses douloureuses blessures, il se précipite au milieu de la mitraille. Atteint d'une nouvelle blessure à la tête, il tombe sans connaissance. Rétabli, il marche

avec le général Victor contre les troupes que
la cour de Rome a levées contre nous; à la
tête de sa brigade, il enlève les retranchemens
ennemis près d'Imola, et s'empare de la ville.

Il accompagna Bonaparte en Egypte; y fut
nommé général de division; fit partie de l'expédition de Syrie; se distingua dans plusieurs
combats; contribua principalement au succès
de la bataille d'Aboukir. Blessé à la jambe à
l'attaque du fort de ce nom, il revint en
France; et lorsqu'au 18 brumaire le gouvernement changea, Lannes se montra un des
plus zélés amis de Bonaparte. Dans la mémorable campagne de Marengo, le général Lannes commandait l'avant-garde : il franchit le
premier de l'armée le Saint-Bernard, devenu
à jamais célèbre par ce passage. Le premier
il attaqua les Autrichiens. Aoste, Châtillon
tombent devant lui. Il escalade la citadelle
d'Ivrée. Arrivé sur les bords de la Chiusella,
le corps qu'il commande emporte le passage
de vive force, traversant la rivière sur le pont
et à la nage. Il pénètre dans Pavie, en chasse
les Autrichiens, et s'empare de leur artillerie. La bataille de Casteggio et de Montebello
ajoutèrent à la réputation de bravoure du général Lannes celle de général habile. C'est

en mémoire de cette journée glorieuse que le nom de Montebello devint inséparable de celui de Lannes. Sa conduite, à la bataille de Marengo, lui valut des éloges publics de la part du général en chef. Ce fut à cette occasion qu'il eut un *sabre d'honneur.* Cette récompense, qui enfantait de si brillans exploits parmi nos guerriers, allait bientôt être remplacée par une décoration nouvelle, qui devait donner des charmes à la mort même. Au retour de cette campagne, le général Lannes fut nommé à l'ambassade de Portugal. Créé maréchal d'empire, il commanda dans les campagnes d'Austerlitz, de Jéna et de Friedland, et soutint dignement sa grande réputation. Ce fut pendant la pénible campagne de 1807, qu'avec une franchise dont il ne se départit jamais devant celui qui la souffrait impatiemment, il répondit à Napoléon, qui le questionnait sur la Pologne : *Je pense que ce pays ne vaut pas le sang du dernier caporal de l'armée.*

Il commanda aussi en Espagne. Saragosse en ruines fut témoin de sa bouillante audace.

La guerre d'Autriche, en 1809, fut sa derniere campagne. Il mourut comme il avait vécu, environné de gloire.

*Le 22 mai* 1813. COMBAT DE REICHENBACH.

Saxe.

Battus le 21 à Wurtchen, les alliés se retiraient sur Gorlitz, défendant opiniâtrément le terrain toutes les fois qu'ils en trouvaient la possibilité. Napoléon les suivait à l'avant-garde, et les attaquait vivement, dirigeant lui-même les moindres mouvemens des troupes. Arrivé sur les hauteurs de Reichenbach, l'ennemi déploya de nombreux bataillons, et garnit son front d'une artillerie formidable. Notre avant-garde l'attaqua d'abord, mais ne put l'entamer avant l'arrivée de nouvelles troupes. Les généraux Lefebvre-Desnouettes et Colbert, commandant les lanciers polonais et les lanciers rouges de la garde, exécutèrent d'heureuses et de brillantes charges sur la cavalerie de l'ennemi. Le général Latour-Maubourg, avec la cavalerie de l'armée, décida la retraite des alliés, qui, après avoir encore résisté en arrière de Reichenbach sur les hauteurs de Markersdorf, se replièrent sur Gorlitz, et la nuit mit fin, de part et d'autre, à un combat meurtrier.

Dans une charge de cavalerie, le général de division Bruguière, officier de mérite, eut la jambe emportée, et mourut peu de tems après.

Le 22 mai, qui avait vu périr le maréchal Lannes, enleva à Napoléon un ami plus cher encore que ne lui avait été le duc de Montebello. Vers les sept heures du soir, un des derniers boulets tirés par l'ennemi rasa de près le duc de Trévise, ouvrit le bas-ventre au général Duroc, et jeta roide mort le général du génie Kirgener. Le général Duroc ne survécut que douze heures à sa blessure. Napoléon fut le voir dans la maison où on l'avait porté, et lui fit ses derniers adieux. (1)

Le général Duroc, duc de Frioul, grand-maréchal du palais de Napoléon, naquit à

---

(1) Voici la conversation entre Napoléon et le général Duroc, que rapporta le Bulletin sur le combat de Reichenbach :

« Le duc serra la main de l'empereur, qu'il porta sur ses lèvres. « Toute ma vie, lui dit-il, a été consacrée à votre service, et je ne la regrette que par l'utilité dont elle pouvait vous être encore. — Duroc, il est une autre vie ! C'est là que vous irez m'attendre, et que nous nous retrouverons un jour ! — Oui, sire, mais ce sera dans trente ans, quand vous aurez triomphé de tous vos ennemis et réalisé toutes les espérances de notre patrie..... J'ai vécu en honnête homme ; je ne me reproche rien. Je laisse une fille. Votre Majesté lui servira de père. » L'empereur serrant la main du grand-maréchal, resta un quart d'heure dans le plus profond silence ; le grand-maréchal le rompit : « Ah ! sire, allez-vous-en ; cet aspect vous peine ! » L'empereur quitta le duc de Frioul sans pouvoir lui dire autre chose que ces mots : « Adieu donc, mon ami. »

Pont-à-Mousson, département de la Meurthe, en 1772. Elève sous-lieutenant d'artillerie en 1792 et capitaine en 1795, il était aide-de-camp du général d'artillerie Lespinasse, en 1796, à l'armée d'Italie, lorsque Bonaparte, ayant reconnu en lui d'heureuses qualités, se l'attacha en qualité d'aide-de-camp. Duroc fut cité aux gorges de la Brenta, au passage de l'Isonzo et à la prise de Gradisca. Il suivit Bonaparte en Egypte, fut blessé au siége de Saint-Jean d'Acre, et revint en France avant le 18 brumaire. Ce fut à la suite de cette journée qu'il commença sa carrière diplomatique, dans laquelle il se distingua par une prudence et une sagacité, qui, chez lui, devançaient l'âge. Le premier consul venait de renverser la république, il avait besoin de la paix pour consolider sa puissance nouvelle. Duroc fut envoyé à Berlin pour entretenir la cour de Prusse dans des sentimens d'amitié envers la France. Il était à Marengo, et peu de tems après il partit pour Vienne chargé de négociations; elles ne réussirent qu'après la bataille de Hohenlinden, qui amena la paix de Lunéville. A la même époque, il fut envoyé à Pétersbourg, pour renouer avec l'empereur Alexandre les liens d'amitié qui avaient uni son père, Paul I<sup>er</sup>, au premier consul, et depuis il se montra négociateur habile dans plus d'une circonstance importante.

Aux qualités qui distinguent l'homme public, le général Duroc joignait toutes celles qui font aimer l'homme privé. Officier instruit, bon ami, d'un caractère modeste, doux et affable, il emporta les regrets de tous ses anciens compagnons d'armes, que l'élévation de sa fortune ne lui firent jamais ni méconnaître, ni oublier.

*Le 22 mai.* **Combat de Monbach et de Hardenberg.**

L'armée du Rhin, sous les ordres du général Michaud, bloquait la ville de Mayence, sur la rive gauche du Rhin. Le général Clairfait, commandant l'armée autrichienne, attaque les Français dans leurs lignes ; d'abord vainqueur par la surprise que causèrent à nos soldats les *pandours,* troupes de nouvelle levée, plus connus sous le nom de *manteaux rouges*, l'ennemi est bientôt repoussé et poursuivi jusques sous les remparts de Mayence. Allemagne.

*Le 22 mai* 1800. **Prise d'Ivrée.**

Le général Lannes, commandant l'avant- Italie.

garde de l'armée de réserve, attaqua la ville et la citadelle d'Ivrée, défendue par 4000 Autrichiens, le 21 mai; le 22, le capitaine Cochet, à la tête d'un bataillon de la 22ᵉ demi-brigade, escalade le fort et s'en empare à la baïonnette. Le général Lannes conduit lui-même les 22ᵉ et 40ᵉ demi-brigades à l'assaut de la ville, donne les premiers coups de hache à la barrière, brise les ponts levis, y pénètre et en chasse les Autrichiens.

**Italie.**     *Le 22 mai* 1800. Pendant que le général Lannes s'emparait d'Ivrée, le général Tureau, tenant l'aile droite de l'armée de réserve, battait les Autrichiens, retranchés près le village de Clavières, les poursuivait jusqu'à Suze et les forçait à capituler.

**Piémont.**     *Le 22 mai* 1800. Le général Suchet, retranché au pont du Var, pour favoriser les mouvemens de l'armée de réserve, faisait tous ses efforts pour occuper devant lui les troupes autrichiennes, et leur donner le change. Le 22 mai, le général Mélas fit une seconde attaque, mais plus sérieuse, sur la tête du pont que défendait le général Rochambeau, fils du maréchal. L'attaque fut terrible, on se battit long-tems à portée de pistolet ; mais enfin les

Autrichiens furent repoussés après des pertes considérables.

*Le 22 mai* 1809. Le général Macdonald, commandant l'aile droite de l'armée d'Italie, sous le prince Eugène, force les Autrichiens à capituler à Laybach.

Armée d'Italie.

*Le 22 mai* 1809. Les Autrichiens occupant toujours la position de Gospich, le duc de Raguse les y attaque une seconde fois et les oblige à l'abandonner.

Croatie.

*Le 23 mai* 1800. ATTAQUE DU FORT DE BARD, ET PASSAGE DU SAINT-BERNARD.

Le premier consul Bonaparte venait, au 18 brumaire, *d'étouffer la république dans les bras des républicains;* sentant que la paix lui était nécessaire pour affermir sa puissance, il la fit proposer aux puissances belligérantes. L'Angleterre la rejeta et l'Autriche suivit son exemple. Il fallut donc recourir aux armes pour repousser l'ennemi qui campait sur le Rhin et aux frontières de la Provence. Les revers éprouvés en 1799 par les armées françaises, soit en Italie, soit en Allemagne, avaient épuisé les ressources de la France.

Armée de réserve.

Cependant, lorsqu'elle vit l'orgueilleuse inso-
lence avec laquelle l'Angleterre avait refusé
la paix, une noble indignation fit place à son
abattement, et avec joie elle s'imposa les plus
grands sacrifices pour la conquérir. La Russie
s'était retirée de la coalition après la perte de
la bataille de Zurich et la malheureuse expédition de Hollande, de sorte que l'Autriche,
l'Angleterre, le roi de Naples et les princes
de l'empire d'Allemagne étaient les seuls ennemis que nous eussions à combattre au commencement de 1800; mais l'armée alliée était
encore si nombreuse, que loin de songer à
l'offensive, la France devait s'estimer heu-
reuse de pouvoir contenir l'ennemi sur ses
frontières.

Le soin le plus pressant du premier consul fut
d'envoyer à l'armée du Rhin, sous les ordres
du général Moreau, toutes les troupes et tout
le matériel dont il put disposer. Son dessein
était d'appeler en Allemagne l'attention des
ennemis, afin d'être plus libre d'exécuter les
opérations qu'il méditait contre l'Italie. Le
général Berthier, depuis long-tems son inséparable et habile lieutenant, organisa à Dijon,
sous le nom d'armée de réserve, un corps de
quarante mille hommes, dont l'apparente

destination était de conserver la défensive,
soit dans les Alpes, soit dans la Suisse, selon
le point le plus sérieusement menacé. Prêt à
se mettre à la tête de cette armée, le général
Bonaparte voulut alors retirer de l'armée du
Rhin un corps de quinze mille hommes, qui
venant en Suisse appuyer la gauche de l'armée
de réserve, pût coopérer à ses mouvemens.
Moreau se contenta d'abord d'envoyer, sur les
instances du premier consul, le général Moncey avec trois ou quatre mille hommes, et il
fallut que le général Carnot, ministre de la
guerre, allât lui-même lui porter l'ordre for-
mel du gouvernement, pour qu'il détachât de
son armée un corps de douze mille hommes
sous les ordres du général Loison; encore ne
le fit-il que lorsqu'arrivé sur le Danube ses
premiers succès lui donnèrent l'assurance de
conserver sa supériorité sur les Autrichiens.

Moreau voulait que les plus grands coups
se portassent en Allemagne; Bonaparte, au
contraire, voulait recouvrer ses conquêtes
en Italie. Ces deux rivaux se vouèrent dès-lors
une haine que le tems ne fit qu'accroître.

Vers la fin d'avril, les troupes prêtes à
marcher se portèrent sur Genève. Le 8 mai
suivant, le premier consul arriva dans cette

ville , et dès - lors ses projets furent démasqués. Cette armée , à peine organisée , allait franchir les Alpes à travers des rochers jusque là impraticables , tomber sur les derrières de l'armée autrichienne , occupée devant Gênes par le général Massena , et dans le comté de Nice par le général Suchet , et conquérir l'Italie par une seule bataille.

La rapidité du passage des Alpes pouvait seule assurer le succès de la campagne ; car il ne fallait point donner à l'ennemi le tems de se porter sur le point menacé , et de le défendre. Le général Thureau , à la droite de l'armée, devait déboucher par le mont Cenis. Le général Moncey, à l'extrême gauche, veilla sur les divers passages du pays des Grisons , et conserva celui du Saint-Gothard , par lequel il devait se porter en Italie par Bellinzona. Le général Marescot, officier de génie du plus grand mérite , et le général Mainoni , aussi de l'arme du génie , avaient reconnu la chaîne des grandes Alpes sur la rive gauche et depuis les sources du Rhône ; trois routes se présentaient par le Saint-Gothard , par le Simplon , et par le Saint-Bernard. Ce dernier ayant été jugé le moins difficile , fut choisi pour le passage du centre de l'armée.

Du 15 au 18 mai , elle se mit en mouvement , forte de cinquante - cinq à soixante mille hommes , dont à peu près un tiers n'avait jamais vu le feu. Arrivé à Saint-Pierre , auprès du Saint-Bernard , il fallut démonter l'artillerie et les bagages pièce à pièce , placer les affûts sur des traîneaux , les canons dans des arbres creusés afin de les hisser plus facilement, charger les munitions à dos de mulet. Enfin le 17 le général Lannes , à la tête de la division d'avant-garde , commença à gravir cette âpre montagne. Ecoutons le général Mathieu Dumas , dans le récit qu'il fait de ce passage à jamais célèbre :

« Sur un espace d'environ six milles , de Saint-Pierre au sommet du Saint-Bernard , l'étroit sentier qui borde le torrent, sans cesse détourné par des rochers entassés , toujours roide , et souvent périlleux , est encombré de neige et de glace ; à peine est-il frayé , que la moindre tourmente , agitant les flots de nouvelle neige dans ces déserts aériens , efface toutes les traces , et qu'il faut chercher des points indicateurs dans ce chaos de masses informes, où la nature presque inanimée n'offre plus de végétation. C'est là , qu'en gravissant péniblement , n'osant prendre le tems de respirer, parce que la colonne eût été arrêtée, près de succomber sous le poids de leur bagage et de leurs armes, les soldats s'excitaient les uns les autres par des chants guerriers et faisaient battre la charge.

» Après six heures de marche, ou plutôt d'efforts et de travail continus, la première avant-garde arriva à l'hospice fameux dont la fondation immortalise *Bernard Menthon;* toutes les troupes des divisions qui se succédaient reçurent, des mains des vertueux cénobites, les secours que leur vigilante charité prodigue aux voyageurs.

» Après cette halte, avec une nouvelle ardeur et non moins de fatigue, mais avec encore plus de dangers, la colonne se précipita sur les pentes rapides du côté du Piémont, selon les sinuosités et les diverses expositions. Les neiges commençaient à fondre, se crevassaient en s'affaissant, et le moindre faux pas entraînait et faisait disparaître dans des précipices, dans des gouffres de neige, les hommes et les chevaux. »

Les Alpes sont franchies, et les cris de *vive la France!* annoncent aux Autrichiens la présence de leurs anciens vainqueurs.

Aoste et Châtillon sont emportés par l'avant-garde, et l'armée arrive devant la ville de Bard. Ici un obstacle, qui paraît presque insurmontable, se présente : un fort, bâti sur un rocher isolé, de forme pyramidale, domine la petite ville de Bard, et ferme ce passage étroit et difficile. Rien ne peut passer que l'artillerie dont il est armé ne foudroie. On attaque la ville, on s'en rend maître ; mais le fort résiste, et aucun effort ne peut l'emporter. Désolé de cet obstacle imprévu, le général Berthier se décide à lancer en avant l'avant-garde ; à force de travail on parvient à rendre praticable, pour les hommes et les chevaux seulement, une espèce d'escalier dans le rocher d'Albarado. Toutes les divisions défilèrent successivement par ce sentier périlleux ; mais l'artillerie, qui ne pouvait passer sans courir risque d'être détruite par le feu du fort, resta en arrière.

Ce retard inattendu pouvait tout perdre. Le premier consul, arrivé le 23, voulut tenter la fidélité du commandant autrichien, mais ce fut en vain ; il fallut se résoudre à un assaut que tout annonçait devoir être infructueux et sanglant.

A minuit, trois corps d'attaque, composés de grenadiers, et guidés par les généraux Loi-

son et Gobert, et le chef de brigade Dufour,
gravissent en silence et se hissent les uns sur
les autres de rocher en rocher ; ils arrivent
aux palissades formant la première enceinte
du fort et l'emportent ; mais, arrivés au pied
des remparts, ils sont écrasés par une grêle
de balles, d'obus et de grenades. Les généraux
Loison et Dufour sont renversés, blessés dangereusement. C'est en vain qu'une pièce de
canon, placée dans le clocher de la ville, bat
en brèche ; c'est en vain qu'on fait soutenir
la première attaque par de nouvelles troupes ; il fallut renoncer à se rendre maître
du fort.

Cependant l'armée portée en avant sur
Ivrée était sans artillerie, et il fallait, à quelque prix que ce fût, en envoyer. On prit alors
le seul moyen qui restait : le général Marmont
fit joncher de fumier les rues de Bard, garnir
de paille tous les rouages ; chaque pièce,
chaque caisson furent traînés par cinquante
braves. Au milieu de la nuit toute notre artillerie traversa la ville sous le feu du fort et
à demi-portée de fusil, au risque d'être détruite par l'explosion que pouvait provoquer
le feu de l'ennemi. Enfin elle passa ; le général Chabran fut laissé pour continuer le siège

du fort, et l'armée réunie en avant d'Ivrée marcha vers le Pô.

*Le 23 mai* 1793. **Combat et prise du camp de Famars.**

Les alliés attaquent le camp de Famars et forcent les Français à l'évacuer ; ceux-ci se retirent dans Bouchain, après avoir jeté dix mille hommes dans Valenciennes.

Armée du Nord.

*Le 23 mai* 1793. Les Espagnols ayant pénétré dans le val Carlos, l'adjudant-général Noguès les en chasse, et les force à rentrer dans leurs frontières.

Pyrénées occidentales.

*Le 23 mai* 1794. **Combat de schifferstadt.**

Les coalisés, au nombre de quarante mille hommes, se portèrent le 23 mai sur l'armée du Rhin, commandée par le général Michaud, qui en comptait à peu près seize mille, et qui était postée à Schifferstadt, dans la direction de Manheim à Neustadt. L'attaque commença sur notre gauche, dès la pointe du jour ; mais ayant été reçu vigoureusement sur ce point, l'ennemi porta tous ses efforts sur notre droite, où commandait le général Desaix ; le combat dura jusqu'à la nuit ; malgré leur nombre, les

Armée du Rhin.

alliés furent obligés de se retirer avec perte de deux mille hommes. Ce succès ne fut pas complet, car tandis que nous triomphions a Schifferstadt, le général Ambert était battu à Kaiserslautern par les Prussiens et se retirait à Pirmasens.

**Armée des Ardennes.** *Le 23 mai* 1794. Le général Kaunitz attaque les Français sous Charleroi, et les force à repasser la Sambre.

**Armée du Nord.** *Le 23 mai* 1794. Le général Pichegru attaque les alliés à Pont-Achin, et les pousse jusque près de Tournay, mais il est repoussé et rentre dans ses positions.

*~~~~~~~~*

**Armée du Nord.** *Le 24 mai* 1793. Après la prise du camp de Famars, les alliés s'emparent du camp d'Anzin, et investissent Valenciennes.

**Armée du Nord.** *Le 24 mai* 1794. Le général Kleber repousse les alliés près de Merbes-le-Château, et leur fait deux cents prisonniers.

*Le 24 mai* 1796. RÉVOLTE DE MILAN ET DE PAVIE.

**Italie.** Excitée par les prêtres et la noblesse, ennemis de l'*égalité républicaine* apportée par l'armée française, une insurrection générale éclata dans la Lombardie le 24 mai : Pavie parut en être le chef-lieu. Le général Bonaparte, qui avait quitté Milan pour marcher aux Autrichiens, y revient en toute hâte, y rétablit la tranquillité, et marche aussitôt sur Pavie. Le général Lannes ayant trouvé de la résistance au village de Bignasco, l'incendia. Pavie voulut aussi résister ; mais les portes en ayant été enfoncées, nos troupes y entrèrent après une légère résistance. La municipalité fut fusillée, deux cents ôtages envoyés en France, et la révolte s'apaisa.

*Le 24 mai* 1799. REDDITION DU CHATEAU DE MILAN.

Italie.

Trois ans après la révolte de Milan et de Pavie, le général Moreau ayant effectué sa retraite sur le Piémont, le général Lattermand mit le siége devant le château de Milan, défendu par deux mille deux cents Français, le 5 mai. Le 24, le garnison capitula et obtint le libre passage pour retourner en France avec les honneurs de la guerre, à condition de ne pas servir d'un an contre les armées alliées.

*Le 24 mai* 1800. Le général Moreau s'empara de Bregens sur les Autrichiens.

Armée du Rhin.

*Vendée.*

*Le 25 mai* 1793. Les Vendéens, sous le commandement de Laroche-Jacquelein, battent les républicains sous les murs de Fontenay et s'emparent de la ville.

*Armée de la Moselle.*

*Le 25 mai* 1794. Le général Jourdan s'empare du poste de Saint-Hubert et du camp des alliés.

*Suisse.*

*Le 25 mai* 1799. Le général Massena attaque les généraux Nauendorf et Hotze sur Weinterthur et Fraunfeld, et les repousse après leur avoir fait éprouver une perte considérable.

*Armée d'Italie.*

*Le 25 mai* 1809. Le général Séras, commandant une division de l'armée d'Italie, sous le prince Eugène, attaque les Autrichiens dans leur position de Saint-Michel. Il leur fait quatre mille prisonniers, et entre le soir dans la ville de Leoben.

*Croatie.*

*Le 25 mai* 1809. L'armée de Dalmatie, marchant toujours à la poursuite des Autrichiens, les atteint et les bat près d'Ottochatz. Le général Delzons fut blessé dans ce combat.

*Le 25 mai* 1811. COMBAT D'USAGRE.

*Espagne.*

Le général Montbrun, attaqué par le génénéral anglais Lumley, se maintient dans sa position.

*Le 25 mai* 1813. COMBAT D'HAYNAU.

Après les combats de Wurtchen et de Reichenbach, les alliés se retiraient sur la Silésie. Le maréchal Ney s'étant avancé imprudemment sur Haynau, il est repoussé par l'ennemi, perd quelques centaines d'hommes et quatre pièces de canon ; des renforts étant arrivés, l'ennemi fut rejeté au loin.

Saxe.

*Le 26 mai* 1794. Le général Jourdan s'empare des redoutes et de la ville de Dinan sur les alliés.

Armée de la Moselle.

*Le 26 mai* 1794. Attaqué par un feu violent d'artillerie, et sommé de se rendre par le général Dugommier, la garnison du fort Saint-Elme l'évacue, et se retire dans Collioure ; celle de Port-Vendre imita aussi cet exemple.

Pyrénées orientales.

*Le 26 mai* 1795. COMBAT DE CALABUIX.

Le général Schérer passe la Fluvia, et attaque les Espagnols dans leurs positions de

Pyrénées orientales.

Calabuix et de Bascara ; il a d'abord des succès, mais il finit par être obligé de repasser la rivière, et rentre précitamment dans son camp.

### *Le 26 mai* 1800. COMBAT DE LA CHIUSELLA.

**Armée de réserve.** L'avant-garde de l'armée de réserve, sous le commandement du général Lannes, ayant trouvé les Autrichiens en position sur la rive droite de la Chiusella, et forts à peu près de onze à douze mille hommes, les attaque aussitôt. La 6ᵉ demi-brigade légère s'avança la première sur le pont, défendu par quatre pièces d'artillerie. Le colonel Macon, qui la commandait, se précipita dans la rivière avec une partie de ses troupes, tourna le pont et en fit évacuer les approches. Le reste de la division ayant passé, les Autrichiens ne tinrent plus long-tems, et se retirèrent sur Romano. Nos troupes les poursuivirent jusqu'à Chivasso, et leur firent éprouver de grandes pertes. Le général autrichien comte de Palfy y fut blessé mortellement.

**Armée d'Italie.** *Le 26 mai* 1809. L'armée d'Italie, après plusieurs victoires sur les Autrichiens, se réunit à la grande armée, occupant déjà Vienne;

sur le sommet du Sommering, Napoléon lui adressa la proclamation suivante :

Soldats de l'armée d'Italie,

Vous avez glorieusement atteint le but que je vous avais marqué; le Sommering a été témoin de votre jonction avec la grande armée. Soyez les bien-venus ; je suis content de vous ! Surpris par un ennemi perfide, avant que vos colonnes fussent réunies, vous avez dû rétrograder jusqu'à l'Adige. Mais lorsque vous reçûtes l'ordre de marcher en avant, vous étiez sur le champ mémorable d'Arcole, et là, vous jurâtes sur les mânes de nos héros de triompher. Vous avez tenu parole, à la bataille de la Piave, aux combats de Saint-Daniel, de Tarvis ; vous avez pris d'assaut le fort Malborghetto, et fait capituler la division ennemie retranchée dans Laybach. Vous n'aviez pas encore passé la Drave, et déjà vingt-cinq mille prisonniers, soixante pièces d'artillerie, dix drapeaux avaient signalé votre valeur. Depuis, la Drave, la Save, la Mur n'ont pu retarder votre marche. La colonne autrichienne de Jellachich, qui la première entra dans Munich, qui donna le signal des massacres dans le Tirol, environnée à Saint-Michel, est tombée dans vos baïonnettes. Vous avez fait une prompte justice de ces débris dérobés à la colère de la grande armée.

Soldats, cette armée autrichienne d'Italie, qui un moment souilla par sa présence mes provinces, qui avait la prétention de briser ma couronne de fer, battue, dispersée, anéantie, grâce à vous, sera un exemple de la vérité de cette devise : *Dio la mi diede, guaï a chi la tocca.*

## *Le 27 mai* 1807. PRISE DE DANTZICK.

Prusse.

La victoire d'Eylau, quoique chèrement achetée, avait forcé l'armée russe et prussienne à quitter l'offensive sur la Basse-Vistule. La rigueur de la saison et le besoin de réparer ses pertes l'obligèrent à prendre quelque repos, entre le Niemen, la Passarge et le Bug. Napoléon fit alors prendre des cantonnemens à son armée, et pour mettre à profit l'inactivité de l'ennemi, il résolut le siége de Dantzick.

Cette ville, située à l'embouchure de la Vistule dans la mer Baltique, est une des plus fortes places du nord de l'Europe; autrefois ville libre, elle passa en 1793 sous la domination prussienne. Son immense commerce, suite de sa position topographique, la rendait l'une des principales sources de la prospérité de cette monarchie.

Lorsque l'armée française eut passé sur la rive droite de la Vistule, Dantzick lui devint nécessaire comme point militaire et comme magasin. Le maréchal Lefebvre, qui allait devoir un nouveau titre à ses succès sur cette place, fut chargé des opérations du siége, ayant sous lui les généraux Lariboissière, pour l'artillerie ; Chasseloup , pour le génie ; les troupes polonaises , saxonnes , badoises , et quelques régimens·français. Plus tard , et vers le milieu du siége, la belle division du général Oudinot, sous les ordres du maréchal Lannes, vint prendre part aux travaux et à la gloire du siége.

Une garnison de douze mille Russes et Prussiens , qui, pendant le siége , s'augmenta de six mille hommes, défendait la place, où commandait le feld-maréchal prussien Kalkreuth. Ce général, qui en 1793 assiégea Mayence et le força de capituler , assiégé à son tour par une armée française, allait aussi mettre bas les armes devant elle.

Un double rang de fortifications, des marais et des inondations , les communications faciles, par la Vistule, de Dantzick avec le fort de Weichselmunde, qui n'en est qu'à deux lieues, et qui, placé sur la Baltique, favorisait toutes les tentatives de l'ennemi par mer, rendirent difficile l'investissement de cette place. Il eut lieu vers le milieu du mois de mars ; les lignes de circonvallation furent aussitôt tracées , et les opérations commencèrent.

Le 20 mars, le général Schramn enleva un poste prussien de trois cents hommes, qui servait à la communication de Dantzick avec la mer. Du 4 au 6 avril, plusieurs régimens russes, débarqués à Weschselmunde, pénétrèrent dans la place, et la garnison fit plusieurs sorties pour protéger leur entrée. Le 6, M. Minguernaud, aide-de-camp du maréchal Lefebvre, attaqua un parti de quatre cents Prussiens, qui s'avançait sur Dantzick par le Nehrung, et le prit presque en entier. Le 7, dans la nuit, une île, défendue par mille Russes, et nécessaire à l'attaque de la place, fut enlevée par nos troupes, commandées par le général Drouet.

L'armée alliée voulant secourir Dantzick, fit débarquer, le 12 mai, au fort de Weichselmunde, le général Kamenskoï avec deux divisions. A la même époque, comme diversion utile, elle attaqua l'armée française sur toute l'étendue de sa ligne.

Le maréchal Lannes se porta alors avec le corps du général Oudinot, pour soutenir les troupes du siége. Les assiégeans étaient placés entre Dantzick et Weichselmunde, et il fallait que les troupes fraîchement débarquées leur passassent sur le corps pour pénétrer dans la place. Le 15, l'ennemi déboucha. Le général Schramn, avec le 2ᵉ régiment d'infanterie légère, un bataillon polonais et un bataillon saxon, reçut le premier feu. Il se maintint vaillamment dans sa position , et fut secouru à tems. Le général Oudinot se porta sur l'ennemi avec une grande audace, et l'enfonça du premier choc ; les deux régimens de Paris et le 12ᵉ d'infanterie légère abordèrent les Russes avec impétuosité, et après deux heures de combat, ils les repoussèrent jusque sous les fortifications de Weichselmunde , après leur avoir fait éprouver une perte de deux mille cinq cents hommes. Pendant cette attaque , la garnison s'était contentée de nous canonner.

Le 16 , cinq mille Prussiens ou Russes, débarqués à Pillau, s'avancèrent par le Nehrung; les généraux Albert et Beaumont les poursuivirent, et leur firent onze cents prisonniers.

Le 17 , une frégate anglaise se présenta dans la Vistule, portant des vivres et des munitions à Dantzick. Vivement attaquée par nos batterie et la fusillade , elle fut obligée d'amener ; un détachement du régiment de Paris sauta le premier à bord. Pendant ces différentes attaques, les travaux du siége avançaient ; déjà ils touchaient au corps de la place. Le 17 mai, la mine fit sauter un *blakhousen* de la place

d'armes du chemin couvert. Le 19 , la des-
cente et le passage du fossé furent exécutés à
sept heures du soir. Le 21 , le maréchal ayant
tout préparé pour l'assaut , allait en donner
l'ordre , lorsque le général Kalkreuth demanda
à capituler. Quatorze ans auparavant, ce général avait accordé une capitulation honorable au général Doyré , qui défendit Mayence ;
la même capitulation lui fut accordée. Elle
portait que la garnison sortirait avec armes et
bagages , deux pièces de canon , tambours bat-
tant , enseignes déployées , mêche allumée , et
qu'elle serait reconduite aux avant-postes de
l'armée alliée , promettant de ne pas servir
d'un an contre les armées françaises.

Le 27 mai , la garnison sortit , et après cin-
quante-un jour de tranchée ouverte , nos troupes en prirent possession. Le fort de Weichselmunde se rendit le 26.

On trouva dans la place plus de cinq cents
pièces de canon , des magasins et des munitions considérables.

Nous reverrons , au mois de novembre,
Dantzick défendu par des Français , après
avoir soutenu un siége de neuf mois, forcé
encore de capituler. Les assiégeans consenti-
rent aussi à une honorable capitulation pour

la garnison, que commandait le général Rapp ;
mais ils ne craignirent pas de se déshonorer,
en refusant de l'exécuter dès qu'ils furent maîtres de la place.

### *Le 27 mai* 1799. PRISE DE TURIN.

Le général Moreau ayant été obligé de quitter sa position entre Valenza et Alexandrie,
pour se porter sur Coni, le général autrichien
Wukassovich marcha sur Turin, qu'il fit canonner dans la nuit du 26 au 27. Les habitans ayant trouvé moyen d'ouvrir une porte
de la ville, les Autrichiens y pénétrèrent, et
le général Fiorella, que Moreau y avait laissé,
se retira dans la citadelle avec sa garnison.

Piémont.

### *Le 27 mai* 1799. Combat de Steigpass. Le

prince Charles attaque le général Massena sur
les hauteurs du Steigpass : on se battit avec
acharnement pendant toute la journée ; mais
les Français furent contraints de céder le terrain, et se retirèrent derrière la Toss, après
avoir fait payer cher aux Autrichiens cet avantage.

Suisse.

### *Le 27 mai* 1800. Prise de Verceil. Tandis

que le général Lannes semblait menacer Tu-

Armée de
réserve.

rin, pour y apporter l'attention de l'ennemi, le général Murat s'avançait sur Verceil, et s'emparait de cette ville, après en avoir chassé les Autrichiens.

Piémont.    *Le 27 mai* 1800. Troisième attaque du pont du Var. Le général Elsnitz attaque le maréchal Suchet au pont du Var avec des troupes plus nombreuses et plus d'opiniâtreté : il donne l'assaut aux retranchemens, et parvient au pied des premiers abattis ; mais après un combat sanglant, où nos troupes firent des prodiges de valeur, les Autrichiens sont repoussés, ayant fait des pertes énormes.

Armée du Rhin.    *Le 28 mai* 1800. Le général Lecourbe se présenta devant Augsbourg, sur les derrières de l'armée autrichienne, campée à Ulm, et s'empare de cette ville.

*Le 28 mai* 1800. COMBAT EN AVANT DU PONT DU VAR.

Piémont.    Les progrès de l'armée de réserve sur le Pô forcèrent le général Elsnitz à quitter les bords du Var pour prendre une position moins hasardée. La nuit même qui suivit la vigoureuse attaque dans laquelle il échoua contre la tête de pont, il commença sa retraite. Le général Suchet en étant averti, sortit au jour de ses retranchemens, où il avait résisté à des forces doubles avec tant de courage, et prenant à son tour une brillante offensive, il poursuivit les Autrichiens, leur prit quatre pièces de canon, et leur fit trois cents prisonniers.

*Le 28 mai 1809.* L'armée de Dalmatie, sous les ordres du duc de Raguse, entre dans Fiume, où elle se réunit et opère le lendemain sa jonction avec l'armée d'Italie.

*Illyrie.*

*Le 29 mai 1792.* Le maréchal de Rochambeau repousse les Autrichiens au combat de la Chaussette et de Mâcon, près Condé.

*Armée du Nord.*

*Le 29 mai 1793.* TROUBLES DE LYON.

Ne s'occupant que de leur commerce, les habitans de Lyon, au commencement de la révolution, furent tour-à-tour constitutionnels et républicains ; les atrocités des terroristes, et leur oppression sur la classe aisée, qu'ils sacrifiaient au peuple, les rendirent royalistes.

*France.*

Le 29 mai, un commissaire de la convention fait tirer à mitraille sur le parti qui lui était opposé, et qu'il avait appelé à la municipalité, sous prétexte d'y traiter. Dès-lors Lyon se révolte contre le gouvernement conventionnel, et attire sur lui tous les désastres qui l'assaillirent bientôt pendant un siége long et sanglant.

### *Le 29 mai* 1799. PRISE DE COSSEÏR.

Egypte.

Le port de Cosseïr, sur la mer Rouge, ouvrait depuis long-tems un passage aux Arabes de la Mecque et du Yambo, qui venaient, auxiliaires des Mamlouks, nous harceler sans cesse dans la Haute-Egypte. Les Anglais même avaient paru devant ce port, et leur influence sur les habitans de ces contrées pouvait nous y devenir dangereuse. Le général Belliard, connaissant toute l'importance de ce point, partit de Kéné, et prit possession de Cosseïr le 29 mai. Dès-lors les Mamlouks et les Anglais en furent exclus. Les tribus arabes nous servirent avec le même zèle qu'elles avaient servi nos ennemis, et le schérif de la Mecque nous demanda protection pour son commerce.

Armée de réserve.

*Le 29 mai* 1800. Le général Murat, après la prise de Verceil, s'empare de Novare.

## *Le 29 mai* 1811. PRISE D'OLIVA.

Le maréchal Suchet avait mis le siége devant
Tarragone et le fort d'Oliva vers la fin d'avril.
Les Espagnols exécutèrent plusieurs tentatives
pour le faire lever, mais inutilement. Les garnisons de ces deux places firent plusieurs sorties infructueuses. Dans celle du 27 mai, le
général français Salm fut tué devant Oliva. Le
28, le maréchal Suchet fit battre en brèche ce
dernier fort, et ordonna l'assaut pour le 29 à
la nuit tombante. Il fut emporté ; les deux
tiers de la garnison passés au fil de l'épée, et
neuf cents hommes seulement obtinrent la
vie sauve.

Espagne.

## *Le* 3o *mai* 1796. PASSAGE DU MINCIO.

Distrait un moment de sa poursuite sur les
Autrichiens par l'insurrection de Milan et de
Pavie, le général Bonaparte se dirigea avec
toute son armée sur le Mincio, derrière lequel les Autrichiens s'étaient retirés, et cou-
vraient ainsi Mantoue. Dans l'intention de tromper encore son adversaire, le général français
fit marcher un corps de troupes vers le haut

Italie.

du lac de Garda à Salo ; fit manœuvrer son armée vers Desinzanno et Lonado , et la portant rapidement par une marche de nuit sur Borghetto , il y attaqua, le 29 mai , un corps de six mille hommes qui y défendaient le passage du Mincio. Surpris et culbuté du premier choc, l'ennemi se hâte de passer la rivière , et coupe une arche du pont. La canonnade s'engage d'une rive à l'autre, et l'on raccommode le pont sous le feu de l'ennemi. Les travaux traînant trop en longueur, le général Gardanne, *grenadier pour la taille comme pour le courage* ( dit Bonaparte), se jette dans le Mincio , à la tête de cinquante grenadiers. Ils passent sur la rive opposée, ayant de l'eau jusqu'au menton et portant leur fusil sur la tête ; ils abordent les Autrichiens , les font reculer , et facilitent le rétablissement de l'arche rompue. L'armée passe alors, et s'empare de Valleggio, dont elle chasse l'ennemi. Beaulieu accourt avec toutes ses forces; mais ayant appris que le général Augereau menaçait de passer le Mincio près de Peschiera , et de lui couper sa retraite sur le Tirol, il se hâte d'effectuer sa retraite, attaqué et harcelé sans cesse par la cavalerie du général Murat , sur la route de Castel-Nova. Voici comme le général Bonaparte s'exprime sur le compte de son armée après le passage du Mincio.

« Je ne citerai pas les hommes qui se sont distingués par des traits de bravoure : il faudrait nommer tous les grenadiers et tous les carabiniers de l'avant-garde. Ils jouent et rient avec la mort. Rien n'égale leur intrépidité, si ce n'est la gaîté avec laquelle ils font les marches les plus forcées. Ils chantent tour-à-tour la patrie et l'amour. On croirait qu'arrivés à leurs bivouacs, ils doivent au moins dormir : point du tout. Chacun fait son conte, ou son plan de l'opération du lendemain, et souvent l'on en rencontre qui voient très-juste. L'autre jour, je voyais défiler une demi-brigade ; un chasseur s'approcha de mon cheval : Général, me dit-il, il faut faire cela. — *Malheureux !* lui dis-je, veux-tu bien te taire ? Il disparaît à l'instant ; je l'ai fait chercher en vain. C'était justement ce que j'avais ordonné que l'on fît. »

*Le 3o mai* 1799. COMBAT DE PONTREMOLI.

Le maréchal Macdonald achevait sa savante retraite du royaume de Naples, et après avoir laissé des garnisons au fort Saint-Elme pour maintenir la population de la capitale, à Capoue, à Gaëte, à Rome, à Civita-Vecchia, à Ancône, il arriva à Florence le 24 mai, où, ayant rallié à lui les divisions Montrichard et Victor, il se trouva à la tête de vingt-huit mille hommes. Avant son approche, le général autrichien Ott s'était emparé du poste important de Pontremoli, seul point dans les Apennins par où l'armée de Naples pouvait faire sa jonction avec celle de Moreau dans le pays de Gênes ; mais ayant négligé de le faire fortifier, et ne pouvant le soutenir à propos, les Autrichiens en furent chassés le 30 mai par le général Dombrowski, commandant la légion polonaise qui faisait partie de l'armée du général Macdonald, et dès-lors la jonction des deux armées fut assurée.

*Le* 31 *mai* 1793. PRISE DE FURNES.

Belgique.

Les généraux français Stettenhoffen et Richardot se portent, le 31 mai, sur Furnes, défendu par treize cents Autrichiens. Ils font aussitôt battre en brèche, et s'emparent de la ville de vive force.

Armée de la Moselle.

*Le* 31 *mai* 1794. Le général Jourdan attaque les coalisés dans leurs positions de Saint-Gérard, et les en débusque.

*Le* 31 *mai* 1796. Le général Championnet chasse les Autrichiens des positions qu'ils oc-cupaient en avant de Nider-Diebach, et les force d'abandonner les gorges de Mannebach.

Armée de<br>Sambre-et-<br>Meuse.

*Le* 31 *mai* 1800. PASSAGE DU TESSIN ET
COMBAT DE TURBIGO.

Pendant que le général Lannes suivait la rive gauche du Pô et menaçait Turin, le gé-néral en chef marchait sur Milan. Le général Murat, commandant la cavalerie, se porta sur le Tessin, vis-à-vis Turbigo, et le 31 mai, malgré la résistance que lui opposa le général Laudon, il établit un pont, passa sur la rive droite, s'empara de Turbigo après un combat sanglant, et poursuivit les Autrichiens sur Milan, où il entra le 2 juin, après leur avoir, au passage du Tessin, tué quatre cents hommes et fait douze cents prisonniers.

Armée de<br>réserve.

FIN DES ÉPHÉMÉRIDES DU MOIS DE MAI.

## ERRATA DU MOIS D'AVRIL.

Page vij de l'introduction, ligne 14, ne s'agite, *lisez*, ne l'agite.

Page xvj de l'introduction, ligne 9, nos ennemis, *lisez*, ses ennemis.

Page xix de l'introduction, ligne 13, après deux cents lieues, *ajoutez*, Krasnoë et Viasma sont encore témoins de notre courage.

Page xxj de l'introduction, ligne 8, Botzen, *lisez*, Bautzen.

Page 20, ligne 18, après Mantoue, *mettez*, qui.

Page 45, ligne 13, n'y portât, *lisez*, y portât.

Page 69, ligne 21, Bassello, *lisez*, Sassello.

Page 72, ligne 9, 1794, *lisez*, 1796.

Page 86, ligne 15, ont succombé, *lisez*, a succombé.

Page 96, ligne 11, Owald, *lisez*, Oswald.

Page 108, ligne 7, Hanau, *lisez*, Honau.

Page 120, ligne 2, à la paix, *lisez*, après la paix.

Page 144, ligne 7, quinze cents, *lisez*, quinze mille.

Page 133, ligne 20, Ritorlo, *lisez*, Ritorto.

## ERRATUM DU MOIS DE MAI.

Page 9, ligne 22, le lendemain, 1er mai, malgré l'échec de la veille, *lisez*, le 8 mai, malgré l'échec éprouvé le 1er.

# TABLE DES MATIÈRES

## DU MOIS DE MAI.

FIN DE LA TABLE DES MATIÈRES.

# TABLE ALPHABÉTIQUE

## DES NOMS FRANÇAIS ET ÉTRANGERS

CONTENUS DANS CE VOLUME (1).



(1) L'astérisque désigne les noms étrangers.